I0371668

www.ingramcontent.com/pod-product-compliance
Lightning Source LLC
Chambersburg PA
CBHW071420070526
44578CB00003B/627
9781955768306

9Marks

العلامات التسع / سلسلة الخطوات العشر الأولى

آمِن

ماذا ينبغي أن أعرف؟

مايك ماكنيلي

تحرير السلسلة في الإنجليزية، ميز ماكونيل

CHRISTIAN FOCUS

9Marks

ذهن جديد

© 2019 by Mike McKinley.

Originally Published by Christian Focus Publications Ltd., under the title *Believe. What Should I Know?* Translated by permission. All rights reserved.

9Marks ISBN: 978-1-955768-30-6

اسم الكتاب: آمِن. ماذا ينبغي أن أعرف؟

المؤلف: مايك ماكنيلي

الناشر للطبعة العربية: خدمة «ذهن جديد»

www.zehngadid.org

مسؤول الخدمة: الدكتور/ ياسر فرح

ترجمة: أمير سامي

مراجعة: ساندرا سامح

المطبعة: سان مارك

رقم الإيداع: 2021/20339

الترقيم الدولي: 978-977-90-9516-5

جميع حقوق النشر والطبع محفوظة. يُمنَع إعادة طبع أي جزءٍ من هذا الكتاب، دون إذن خطي مُسبَقٍ من الناشر، كما يُمنَع تخزينه بأي شكلٍ يسمح باسترجاعه وإعادة استعماله. ويُمنَع نقله بأي شكلٍ من الأشكالِ وبأيَّة وسيلةٍ، سواءٌ كانت إلكترونيَّةً، آليَّةً، بالاستنساخِ الفوتوغرافي أو بالتسجيلِ الصوتي وخلافهِ. ويُستثنَى من هذا حصريًّا الاقتباسات القصيرة الموضوعة بين هلالين مع ذكرِ مصدر الاقتباس بالتوثيقِ العلمي.

اقتباسات النصوص الكتابيَّة مأخوذةٌ من ترجمةِ البستاني – ڤانديك، إلَّا إذا أُشيرَ إلى غيرِ ذلك.

Printed in Egypt

كتب مايك ماكنيلي مرجعًا دراسيًّا سهلًا ومشوِّقًا للقراءة وفي متناول اليد. إنه مرجع مثالي لمن بدأ الحياة المسيحية ويحاول أن يأخذ أولى خطواته في طريق التلمذة بحكمة وأمانة وإخلاص للحق الكتابي.

جوش مودي
الراعي الرئيسي لكنيسة كوليدج في ويتون، إلينوي، مؤسِّس ورئيس خدمات حياة مركزها اللهُ، مؤلف العديد من الكتب مثل «**قلوب مُلتهبة**»، «**رحلة إلى الفرح**»، «**لا يوجد إنجيل آخر**»، و«**أفتخر**».

المحتويات

تقديم ٧

مُقدِّمة السلسلة ٩

تَقَابَل مع صموئيل ١٣

الفصل الأول

من هو اللهُ؟ ١٥

الفصل الثاني

من هو اللهُ الابن؟ ٢٥

الفصل الثالث

من هو اللهُ الروح القدس؟ ٣٧

الفصل الرابع

عالم الروح: الملائكة والأرواح الشريرة.................................... ٤٩

الفصل الخامس

الخلق والسقوط ٦١

الفصل السادس

الكفَّارة والاختيار ٧٣

الفصل السابع

التقديس والمثابرة ٨٥

الفصل الثامن
السماء والجحيم ٩٧
الفصل التاسع
عودة يسوع ١٠٩

تقديم

في الحقيقة لم أذهب كثيرًا إلى الكنيسة حتى أصبحت في العاشرة تقريبًا من عمري. أسَّس والداي عائلتنا عندما كانا في سنِّ المراهقة، وكان عليهما أن يكدحا بشدَّة ليجعلاننا نستقر في مستوى حياة الطبقة العاملة المتوسِّطة. لكننا عشنا في مكان كان معظم الناس فيه أثرياء جدًّا. لذا عندما بدأت أذهب إلى الكنيسة كان معظم الناس هناك أثرياء. بدا كل شخص في الكنيسة ناجحًا، يتمتَّع بحياة متكاملة، ومُهِمًّا (أعرف الآن أن هذا كان مجرد مظهر، وأن الأغنياء لديهم مشاكلهم هم أيضًا، ولكنِّي لم أعرف هذا في ذلك الحين). ولكن لم يكن واضحًا لي كطفل ما إذا كان من الممكن بالنسبة للناس الذين لم يكونوا أغنياء أن يتبعوا يسوع أم لا. ماذا كان لدى الكنيسة لتقوله لمن يصارعون حتى يُسدِّدوا احتياجاتهم يومًا بيوم؟

لقد أصبحت مؤمنًا بينما كنت شابًّا، والآن أخدم كراعٍ للكنيسة. الحي الذي أقيم به الآن مليء بالمحتاجين – كثيرون منهم موجودين في الدولة بشكل غير قانوني وبالكاد يُدبِّرون أمورهم. لدى هؤلاء الناس احتياجات كثيرة، ولكن ما يفوق احتياجهم للطعام والرعاية الصحية والتعليم، هو احتياجهم لأن يعرفوا اللهُ – من هو وماذا قال عنهم وعن حياتهم. صلاتي أن يساعدهم هذا الكتاب الصغير (ويساعدك أنت أيضًا) على معرفة الله بصورة أفضل.

مايك ماكنيلي

راعي كنيسة ستيرلنج بارك المعمدانية

مُقدِّمة السلسلة

تساعد سلسلة الخطوات العشر الأولى في إعداد من جاءوا من خلفيَّة لم يحضروا فيها الكنيسة في صغرهم على أخذ الخطوات الأولى في اتِّباع يسوع. نُسمِّي هذا «الطريق إلى الخدمة»، لأننا نؤمن أن كل مؤمن ينبغي أن يتم تجهيزه ليكون خادمًا للمسيح وكنيسته بغض النظر عن خلفيَّته أو خبرته في الحياة.

إن كنت قائدًا في الكنيسة وتقوم بالخدمة في أماكن صعبة، استخدم هذه الكتب كأداة لتساعدك في تنمية من لا يألفون تعاليم يسوع لتجعلهم تلاميذًا جُدُدًا. سوف تُجهِّز هم هذه الكتب لكي ينموا في الشخصية والمعرفة والعمل.

أو إن كنت أنت نفسك جديدًا في الإيمان المسيحي، ولا زلت تصارع حتى تفهم معنى أن يكون المرء مسيحيًّا، أو ماذا يقول الكتاب المُقدَّس فعليًّا، فسيكون هذا دليلًا سهل الفهم بالنسبة لك بينما تخطو أولى خطواتك كتابع ليسوع.

هناك طُرُق كثيرة يمكنك أن تستعمل بها هذه الكتب:

- يمكن استخدامها من قِبَل شخص واحد يقرأ المحتويات ببساطة ويجيب عن الأسئلة بمفرده.

- كما يمكن استخدامها في صورة لقاء بين شخصين، حيث يقرأ الاثنان المادة المكتوبة قبل أن يلتقيا ثم يناقشان الأسئلة معًا.

- كما يمكن استخدامها في صورة مجموعة حيث يُقدِّم القائد المادة في صورة حديث أو عظة، ويتوقَّف عند نقاط معينة للمناقشة داخل المجموعة.

سوف يُحدِّد إعدادك أفضل طريقة لاستعمال هذا الدليل.

دليل المُستَخْدِم

بينما تقوم بالدراسة سوف تصادفك الرموز التالية ...

صموئيل – عند نقاط معيَّنة في كل فصل سوف تتقابل مع صموئيل وتسمع شيئًا عن قصَّته وما كان يحدث في حياته. نريدك أن تأخذ ما كنت تتعلَّمه من الكتاب المُقدَّس وتتبيَّن الفرق الذي يمكن أن يُحدِثه ما تعلَّمته في حياة صموئيل. لذا متى رأيت هذا الرمز سوف تسمع المزيد عن قصته.

توضيح – من خلال أمثلة وسيناريوهات مأخوذة من الحياة الواقعية، سوف تساعدنا هذه الفقرات على فهم النقطة المطلوب إثباتها وتوضيحها.

تَوَقَّف – عندما نصل إلى نقطة هامة أو صعبة سوف نطلب منك أن تتوقَّف وتقضي بعض الوقت في التفكير أو الحديث عمَّا تعلَّمناه للتو. ربما يجيب هذا عن بعض الأسئلة، أو ربما يقودنا هذا إلى سماع المزيد من قصة صموئيل.

آية مفتاحيَّة – الكتاب المُقدَّس هو كلمة الله لنا، وبالتالي يُمثِّل الكلمة الفاصلة بالنسبة لنا في كل شيء علينا أن نؤمن به وكيف علينا أن نسلك. بالتالي نريد أن نقرأ الكتاب المُقدَّس أولًا، ونريد أن نقرأه بعناية. لذا متى رأيت هذا الرمز عليك أن تقرأ

أو تُنصِت إلى الفقرة الكتابية ثلاث مرات. إن شَعَر الشخص الذي تقرأ معه الكتاب المُقدَّس بالارتياح، اجعله يقرأ الفقرة مرة واحدة على الأقل.

آية للحفظ – في ختام كل فصل سوف نقترح آية كتابية للحفظ. لقد وجدنا أن حفظ الآيات الكتابية أمر مؤثِّر بحق في بيئتنا. سوف تتعلَّق الآية (أو الآيات) بشكل مباشر بالمواضيع التي غَطَّيْناها في الفصل.

مُلخَّص – كذلك عند نهاية كل فصل وضعنا مُلخَّص قصير لمحتويات هذا الفصل. إن كنت تقوم بدراسة الكتاب مع شخص آخر، ربما يكون من المفيد العودة إلى ذلك المُلخَّص عندما تستأنف محتويات الأسبوع السابق.

تَقَابَل مع صموئيل

وُلِد صموئيل في عالم يسوده العنف. في شوارع الحي الذي يقطن فيه في سان سلفادور، ينجو فقط الأقوى ليصل إلى مرحلة البلوغ. لم يعرف والده أبدًا، كما انضم تقريبًا كل صبي يعرفه إلى إحدى العصابات لكي يجد الحماية والشعور بالانتماء. بحلول الوقت الذي وصل فيه إلى مرحلة المراهقة، كان يبيع المُخدَّرات ويبتز التُجَّار المحليين. وفي سياق عمله، قتل عددًا من الأشخاص، بل وتلقَّى هو نفسه رصاصة في إحدى المرات.

ومع هذا، وبرغم كل شيء، لم تَبدُ حياة العصابة أبدًا هي الشيء الملائم الجيِّد لصموئيل. فقد كره الإحساس الذي كان يشعر به بعد تناوله المُخدَّرات. وقد كانت تطارده أوجُه الأشخاص الذين قتلهم عندما كان ينام. وقد علم أن اللهُ كان سيدينه على الأشياء التي فعلها، ولكنه لم يعلم ماذا يفعل غير ما يفعله.

عندما أرسلته عَمَّته إلى الولايات المُتَّحدة ليعيش مع أحد أعمامه، أراد صموئيل أن يحظى ببداية جديدة. لم يمر وقت طويل بعدما وصل حتى دعته إحدى أساتذته ليأتي إلى مجموعة الشباب لدراسة الكتاب المُقدَّس في كنيستها. وافق على مضض، وهناك سمع الخبر السار بأن يسوع مات ليأخذ الذنب والعقاب عن أي شخص يتَّكل عليه. كان من الصعب عليه أن يتخيَّل أن اللهُ يمكن أن يغفر له الأشياء الرهيبة التي فعلها، لكن بعد قُرابة العام أصبح تابعًا ليسوع.

ما المقصود؟

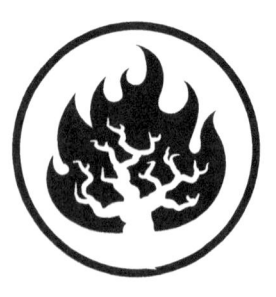

اللّٰهُ قُدُّوس
ومُحِب
أكثر مما نتخَيل

١- من هو اللهُ؟

صموئيل

صموئيل الآن خارج المدرسة ويحاول أن يعمل عملًا «مستقيمًا». إنه يحاول أن ينمو كشخص مسيحي. في الوقت نفسه، أصبح لعصابته القديمة التي تركها في وطنه حضور متنامٍ بين المهاجرين السلفادور في بلده الجديد. توصَّل البعض إليه ليوضِّحوا له أنهم غير سعداء لتخلِّيه عنهم. في الأحوال الطبيعية، الطريقة الوحيدة للخروج من العصابة هي الموت؛ لا أحد يخرج فحسب. استهزأ به أصدقاؤه القدامى وبمحاولته لكسب المال بالعمل الأمين. هدَّده بعض قادة العصابة تهديدات مُقنِّعة، وبدأ صموئيل يتساءل هل يستحق الأمر كل هذا، بل وفكَّر في الانتحار فقط ليتوقف كل شيء.

تَوَقَّف

في رأيك ما الذي يمكن أن يجعل موقف صموئيل يتحسَّن؟ لماذا يمكن أن تُشكِّل العودة لأسلوب حياته القديم إغراءً قويًا؟

توضيح

عندما كنت مراهقًا، مرَّ وقت كان فيه فتى محلي مُتنمِّر يجعل حياتي صعبة. كان الفتى كبير الحجم ولئيمًا، ولم أعرف ماذا أفعل حياله. ولكن في هذا الوقت جاء أخي الأكبر إلى المنزل في إجازة العيد من الجيش. كان مُدرَّبًا ليكون عضوًا في وحدة القوَّات الخاصة،

ويمكنك أن تُخمِّن فقط من النظر إليه أنه لم يكن ممَّن ترغب في العبث معهم. عندما ألقى هذا الفتى المُتنمِّر نظرة واحدة على أخي، لم يزعجني مرة أخرى. لم يكن يوجد ما يدعوني للقلق، لأن أقوى رجل عرفته كان في صفِّي.

بنفس الطريقة، ما يحتاج صموئيل أن يعرفه هو أنه حتى بالرغم من أن أعضاء هذه العصابة **يبدون** أشداء وأقوياء، **لكن اللهُ هو من يسيطر في النهاية على كل شيء.**

الإله الوحيد

«**لأَنَّهُ هكَذَا قَالَ الرَّبُّ: خَالِقُ السَّمَاوَاتِ** (هُوَ اللهُ). **مُصَوِّرُ الأَرْضِ وَصَانِعُهَا.** (هُوَ قَرَّرَهَا. لَمْ يَخْلُقْهَا بَاطِلاً. لِلسَّكَنِ صَوَّرَهَا). **أَنَا الرَّبُّ وَلَيْسَ آخَرُ**» (إشعياء ٤٥: ١٨).

«**إِنَّ إِلهَنَا فِي السَّمَاءِ. كُلَّمَا شَاءَ صَنَعَ**» (مزمور ١١٥: ٣).

في هاتين الآيتين نرى بعض الأمور الهامة جدًّا عن اللهُ:

- هو إله **يتكلَّم** («**لأَنَّهُ هكَذَا قَالَ الرَّبُّ**»). بكلمات أخرى، يمكننا معرفة اللهُ. ليس علينا أن نُخمِّن كيف يبدو أو ماذا يريد منَّا. في الحقيقة لا يهم بم نشعر أو ماذا نريد أن يكون شكل اللهُ؛ المهم هو ما يقوله عن نفسه.

- هو **الخالق**. سنرى المزيد عن هذا في فصلٍ لاحق، لكن في الوقت الحالي نحتاج أن نرى أن اللهُ هو من خلق السماوات والأرض وكل ما يعيش فيها. بصفته الخالق، فهو يملك السلطان ليقول لكل واحد وكل شيء كيف يتصرَّف.

- هـو **الإلـه الوحيـد**. اللهُ ليـس الأفضـل بيـن مجموعـة مـن المتنافسـين؛ بـل هـو اللهُ ولا يوجـد آخـر. ليـس علينـا أن نكتشـف إلـى أي إلـه نذهـب لنحصـل علـى العـون؛ هنـاك فقـط خيـار واحـد صحيـح وحقيقـي.
- هـو **المسـيطر**. فهـو يفعـل أي شـيء يريـد أن يفعلـه ولا يقدر أي شـخص أن يوقِّفـه. كل واحـد اختبـر التعـرُّض للمقاومـة والإحبـاط، ولكـن اللهُ ليـس كذلـك. فهـو لديـه القـوة علـى تحقيـق كل واحـدة مـن رغباتـه.

توضيح

عندمـا يدعـو شـخص مـا عائلتنـا إلـى بيتـه لتنـاول العشـاء، علينـا دائمًـا أن نُذكِّـر أولادنـا أنـه بينمـا نحـن فـي منـزل صديقنـا، ينبغـي أن يلتزمـوا بالقواعـد: اخلعـوا أحذيتكـم عنـد البـاب، ممنـوع قـذف الكـرة فـي البيـت، لا تشـعلوا النـار فـي أي شـيء. هـذا العالـم بأسـره هـو «بيـت» اللهُ؛ إنـه بأكملـه ملـك لـه! ونتيجـة لهـذا، كلنـا مُلزَمـون بـأن نحيـا بحسـب قواعـده.

تَوَقَّف

بالنسـبة لصموئيـل، تبـدو المشـكلة التـي فـي حياتـه هائلـة. كيـف يمكـن أن يشـعر باختـلاف إن بـدأ يفهـم أن اللّهُ مسـيطر علـى كل شـيء وكل شـخص؟

اللّهُ هو القاضي العادل

«إِنِّـي أَنَـا الـرَّبُّ إِلهُكُـمْ فَتَتَقَدَّسُـونَ وَتَكُونُـونَ قِدِّيسِـينَ، لأَنِّـي أَنَـا قُـدُّوسٌ. وَلاَ تُنَجِّسُـوا أَنْفُسَـكُمْ بِدَبِيـبٍ يَـدِبُّ عَلَـى الأَرْضِ» (لاوييـن ١١: ٤٤).

عندما يتكلم الرب إلى شعبه، فإنه يذكرهم بأنه إلههم. كما يخبرهم بأن يعتبروا أنفسهم شعبًا منفصلًا ومختلفًا عن الأمم المحيطة (هذه هي الفكرة وراء كلمة «**قِدِّيسِينَ**»). أما الآخرون فيفعلون ما يبدو صوابًا بالنسبة لهم، ولكن شعب اللهُ يُفترض بهم أن يكونوا قديسين. لماذا؟ لأن اللهُ ذاته قُدُّوس.

عندما نقول إن اللهُ «قُدُّوس»، فنحن نقصد أنه نقي أدبيًّا. ربما نميل أنت وأنا لفعل أمور خاطئة، ولكن اللهُ لا يفعل. فهو يكره الشر والخطية والانحراف. إنه نقي ودائمًا ما يفعل الصواب في كل موقف. نتيجة لهذا، يُفترض بشعب اللهُ أن يكونوا مشابهين له. بالضبط كما يشبه الأولاد والديهم، هكذا يُفترض بنا أن نشبه أبانا الذي في السماوات. إنه قُدُّوس، وهكذا ينبغي أن يكون أولاده (أي نحن!) مُقدَّسين أيضًا؛ بسبب وجود تشابه بين أفراد العائلة. يُفترض بالخطية أن تكون طبيعية بالنسبة للعالم من حولنا، ولكن غريبة على شعب اللهُ. بالنسبة لشخص في موقف صموئيل، هذا يعني أنه لا يقدر أن يرجع إلى أسلوب حياته القديم.

بل ويُفسِّر هذا لماذا تَسبَّب له أصدقاؤه القدامى من العصابة في مثل هذا الوقت الصعب. في رسالة بطرس الأولى نقرأ:

«لأَنَّ زَمَانَ الْحَيَاةِ الَّذِي مَضَى يَكْفِينَا لِنَكُونَ قَدْ عَمِلْنَا إِرَادَةَ الأُمَمِ، سَالِكِينَ فِي الدَّعَارَةِ وَالشَّهَوَاتِ، وَإِدْمَانِ الْخَمْرِ، وَالْبَطَرِ، وَالْمُنَادَمَاتِ، وَعِبَادَةِ الأَوْثَانِ الْمُحَرَّمَةِ، الأَمْرُ الَّذِي فِيهِ يَسْتَغْرِبُونَ أَنَّكُمْ لَسْتُمْ تَرْكُضُونَ مَعَهُمْ إِلَى فَيْضِ هذِهِ الْخَلاَعَةِ عَيْنِهَا، مُجَدِّفِينَ. الَّذِينَ سَوْفَ

يُعْطُونَ حِسَابًا لِلَّذِي هُوَ عَلَى اسْتِعْدَادٍ أَنْ يَدِينَ الأَحْيَاءَ وَالأَمْوَاتَ» (بطرس الأولى ٤: ٣-٥).

يمكنك أن ترى الوضع الذي كان بطرس يواجهه - كان المؤمنون الجُدُد يصارعون مع أصدقائهم القدامى وأساليب معيشتهم القديمة. في هذا الوقت، قبل أن يصبحوا أتباع ليسوع، كانت الحياة كلها عبارة عن حفلات سُكر وعربدة. ولكن بطرس يقول إن الوقت الذي كانوا يفعلون فيه هذا قد انتهى. وحيث إنهم الآن شعب اللهِ، يُفترض بهم أن يكونوا مُقَدَّسين؛ لا يعودون للانضمام أو العيش بهذه الطريقة.

نتيجة لهذا، كان أصدقاؤهم يتسبَّبون لهم في أوقات صعبة. أليس من العجيب أن نرى أنه لم يتغيَّر الكثير على مدار ٢٠٠٠ عام منذ كتب بطرس هذا الكلام؟ هناك شعور بالأمان وسط الزحام. عندما يثمل الجميع وينامون في أي مكان، ذلك يجعل مثل هذا السلوك يبدو مقبولًا، بل وطبيعي. وطالما لا يقول أحد أي شيء، يفعل الناس ما يريدون دون أن يشعروا بالذنب أو يستشيط ضميرهم. ولكن الآن يرفض هؤلاء المسيحيون الجُدُد أن يفعلوا الأشياء التي اعتادوا فعلها، ونتيجة لهذا كان أصدقاؤهم القدامى ينتقدونهم (يستعمل بطرس كلمة «مُجَدِّفِينَ»).

لاحظ ما يخبر به بطرس هؤلاء المؤمنين. الأمر الذي يحتاجون أن يفهموه هو أن كل شخص في العالم سوف يعطي في النهاية حسابًا لهذا الإله القدوس عن الأسلوب الذي عاش به حياته. فهو من يدين الأحياء والأموات. أليس هكذا يوضع كل شيء في نصابه؟

صموئيل

ربما يبدو أن قبول صموئيل (تسليم الحياة) للمسيح قد تسبب له في مجموعة من المشاكل. ولكن في الحقيقة أكبر مشكلة هي تلك التي يواجهها أصدقاؤه القدامى، فهم سوف يواجهون اللهُ القدوس الكليَّ القدرة بصفته قاضيهم!

تَوَقَّف

كيف ينبغي أن تساعد معرفة أن اللهَ قاضٍ قُدُّوس صموئيل على مقاومة الإغواء بالعودة إلى أسلوب حياته القديم؟ كيف ينبغي أن تساعده في إخبار أصدقاءه القدامى لِمَ لَم يَعُد يعيش كما يعيشون؟

اللّهُ محبة

«أَمَّا أَنْتَ يَا رَبُّ فَإِلهٌ رَحِيمٌ وَرَؤُوفٌ، طَوِيلُ الرُّوحِ وَكَثِيرُ الرَّحْمَةِ وَالْحَقِّ». (مزمور ٨٦: ١٥)

هل اللهُ قاضٍ قُدُّوس وقوي، أم أنه أب مُحِب؟ الإجابة، بحسب الكتاب المُقدَّس، هي الاثنين. الخبر السار بالنسبة لنا هو أن اللهُ الذي خلقنا والذي يديننا هو أيضًا طيِّب ومُحِب من جهة شعبه. لو استخدم اللهُ قدرته مثل الفتى المُتنمِّر، سيكون من الصعب أن نرى كيف يمكن أن يَدَّعي الكتاب المُقدَّس أنه خبرٌ سار. ولكن الحق هو أن اللهُ دائمًا ما يمارس قوته بمحبة ولطف من جهة شعبه.

في مزمور ٨٦ يخبرنا المرنِّم بأمور عجيبة عن شخصية اللهُ:

- إنه **رحيم**، فهو يظهر اللطف لمن هم في احتياج.
- إنه **رؤوف**، إذ يغفر ويبارك من لا يستحقُّون عنايته.
- إنه **بطيء الغضب**، اللهُ قُدُّوس، ولكنه أيضًا صبور. هو غاضب من الخطية والظلم، ولكنه ليس غضب خارج عن السيطرة أو مفاجئ أو عنيف. في الحقيقة، يكبح اللهُ غضبه لكي يسمح للناس بوقت للتوبة ولطلب نعمته.
- إنه **كثير الرحمة**، يفيض اللهُ بمحبة لا تتزعزع لشعبه. محبة اللهُ عظيمة جدًّا لدرجة أنه في واحدة من رسائل الرسول يوحنا، يقول أن «**اَللهُ مَحَبَّةٌ**» (يوحنا الأولى ٤: ١٦).
- إنه **كثير الوفاء**، اللهُ لا يفشل البتَّة في تنفيذ وعوده. محبته لشعبه لا تتزعزع وغير قابلة للكسر. ربما يخوننا الآخرون أو يخبون من حياتنا، ولكن الرب دومًا أمين.

ربما يبدو هذا غريبًا على أذهاننا العصرية، ولكن لا يبدو أن كُتَّاب الكتاب المُقدَّس يصارعون حقًّا مع فكرة أن اللهُ قوي وقُدُّوس وعادل. إن غضبه البار على خطية الجنس البشري هو أمرٌ معقول. ولكن ما يذهلهم هو محبة الله. لماذا يتنازل شخص بهذه العظمة واللا محدودية والقداسة ليحب أشخاص مُزدرين وفاسدين مثلنا (انظر مزمور ٨: ٣-٤؛ رومية ٣: ٢٣-٢٦)؟ مرارًا وتكرارًا، يؤكِّد اللهُ أن محبته لشعبه لا تكمن في أي شيء رائع يتعلَّق بهم، بل في شخصيته المُحِبَة (تثنية ٧: ٧-٨، إرميا ٣١: ٣، هوشع ١١: ١). اللهُ يحب غير المحبوبين لأنه هو محبة.

سوف نرى المزيد في الفصول الآتية عن محبة اللهُ لشعبه، وخاصة كما تظهر لنا في عطية ابنه، ولكن بالنسبة للآن لاحظ فقط أن إله الكتاب المُقدَّس أفضل حتى من أي نسخة منه يمكننا تخيُّلها أو صُنعها في أذهاننا. فهو خليط جميل من كل شيء صالح: القداسة والغفران، القدرة والرحمة، الجلال والحب.

تَوَقَّف

عندما تُفكّر في اللّه، ما هي جوانب شخصيته الأصعب بالنسبة لك أن تقبلها وتُصدّقها؟ وما هي الجوانب الأسهل؟

آيات للحفظ

«أَمَا عَرَفْتَ أَمْ لَمْ تَسْمَعْ؟ إِلهُ الدَّهْرِ الرَّبُّ خَالِقُ أَطْرَافِ الأَرْضِ لاَ يَكِلُّ وَلاَ يَعْيَا. لَيْسَ عَنْ فَهْمِهِ فَحْصٌ. يُعْطِي الْمُعْيِيَ قُدْرَةً، وَلِعَدِيمِ الْقُوَّةِ يُكَثِّرُ شِدَّةً». (إشعياء ٤٠: ٢٨-٢٩)

مُلخَّص

ما يحتاجه صموئيل أكثر من أي شيء آخر هو أن يفهم من هو اللهُ. تبدو مشاكله كبيرة جدًّا، ولهذا يحتاج أن يعرف أنه يوجد شخص أكبر. الرب هو الإله الوحيد، الأزلي والذي لا يُحد. وهو يفعل أي شيء يسرُّه. وبما أنه الواحد الذي خلق كل شيء، هو قاضينا القُدُّوس والوحيد الذي له الحق في تحديد كيف ينبغي أن نعيش. وها هي الأخبار السارة: هذا الإله القدوس مُحِب أكثر مما نقدر أن نتخيَّل. لذا نقدر أن نتأكَّد من أنه سوف يظهر اللطف لشعبه دائمًا في وقت حاجتهم.

ما المقصود؟

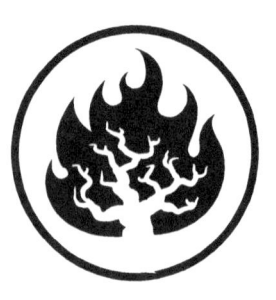

يسوع، ابن اللّهُ،
هو اللّهُ وإنسان
معًا

٢- من هو اللهُ الابن؟

في الفصل السابق، بدأنا نتكلم عن اللهُ. ذكرنا كل أنواع الأمور الهامة والصحيحة عنه. ولكن كل الأشياء التي قُلناها عن اللهُ حتى الآن هي أمور من المرجَّح أن يقدر شخص مسلم أو مورموني أو يهودي أن يؤكِّدها. لكننا لم نتكلم بعد عن أهم شيء يمكننا قوله عن اللهُ: إنه ثالوث (أي، أنه «ثلاثة في واحد»). يعلِّمنا الكتاب المُقدَّس أن اللهُ الواحد الذي خلق كل شيء موجود في ثلاثة أقانيم: الآب، والابن، والروح القدس.

الآن، سوف أكون أمينًا معكم. عندما نتكلم عن الثالوث (اسم نطلقه على اللهُ لأنه ثلاثة وواحد)، فنحن نَسبَح في الطرف العميق من حوض السباحة. هناك أمور مُعيَّنة عن اللهُ يصعب علينا فهمها، ولكن هذا لا يعني أنها أمور غير صحيحة أو غير هامة. ولهذا فإن هدفنا عندما نتكلم عن الثالوث هو أن ندرك هذه الأمور التي نقدر أن ندركها، وأن نثق ببساطة في اللهُ بالنسبة للباقي الذي يصعب إدراكه.

هنا نُقدِّم تعليم الكتاب المُقدَّس عن الثالوث، مُلخَّصًا في ثلاث أفكار:

- **اللهُ ثلاثة أقانيم متمايِّزة**. الآب والابن والروح القدس ليسوا قوى أو طاقات؛ إنهم أشخاص (أقانيم). علاوة على ذلك، هم أشخاص متمايزون: فالآب ليس هو الابن، والابن ليس هو الروح القدس، والروح القدس ليس هو الآب، إلخ. هل فهمت هذا؟

- **كلٌّ مـن الآب والابـن والـروح القـدس هـو اللهُ بالكامـل.** لا أحـد مـن الأقانيـم الثلاثـة أعظـم أو أقـل مـن الآخريـن. هـذه حقيقـة هامـة؛ كل واحد منهم هو اللهُ، تمامًا بقدر الآخرين.
- **يوجـد إلـه واحـد فقـط.** لا يعبـد المسـيحيون ثلاثـة آلهـة منفصليـن ومتميِّزيـن؛ نحـن نعبـد إلـه واحـد فقـط. لأقانيـم الثالـوث الثلاثـة نفـس الطبيعـة أو الجوهـر؛ لا توجـد منافسـة أو غيـرة بينهـم. الأقانيـم الثلاثـة هـم إلـه واحـد.

صموئيل

يعيـش صموئيـل فـي منطقـة تسـكنها العديـد مـن الثقافـات. فـي المدرسـة، كان لديـه زمـلاء من كل أنـواع الديانـات المختلفة الأخـرى. وقـد كانـت هنـاك أحاديـث كثيـرة عـن كوننـا جميعًـا نعبـد نفـس الإلـه وإنمـا بطـرق مختلفـة فحسـب. كيـف ينبغـي أن تسـاعد عقيـدة الثالـوث صموئيـل فـي إيجـاد حـل لهـذه الفكـرة الشـائعة؟ إن لـم يكـن جيرانـه المسـلمين واليهـود يدركـون أن اللهُ الواحـد موجـود فـي ثلاثـة أقانيـم، فهـل يعبـدون حقًّـا نفـس الإلـه؟

توضيح

ربمـا تكـون قـد سـمعت البعـض يحـاول أن يوضِّـح الثالـوث باسـتخدام فكـرة البيضـة (القشـرة والبيـاض والصفـار)،

أو الماء (ثلج، وسائل، وبخار)،

أو نبات النفل (ثلاث بتلات، ولكن نبات واحد)،

ولكن يفشل كل تشبيه في تمثيل الحق بالكامل. في الحقيقة، لا توجد أمثلة توضيحية تُمثِّل الثالوث بشكل ملائم لأنه لا يوجد شيء مثله تمامًا في كل الكون. ولكن ليس لأن الأمر صعب الفهم يعني أنه مستحيل أو غير صحيح.

«فَلَمَّا اعْتَمَدَ يَسُوعُ صَعِدَ لِلْوَقْتِ مِنَ الْمَاءِ، وَإِذَا السَّمَاوَاتُ قَدِ انْفَتَحَتْ لَهُ، فَرَأَى رُوحَ اللهِ نَازِلاً مِثْلَ حَمَامَةٍ وَآتِيًا عَلَيْهِ، وَصَوْتٌ مِنَ السَّمَاوَاتِ قَائِلاً: «هذَا هُوَ ابْنِي الْحَبِيبُ الَّذِي بِهِ سُرِرْتُ»». (متى ٣: ١٦-١٧)

عند معمودية يسوع، نرى أقانيم الثالوث الثلاثة كلها: اللهُ الآب يتكلم عن مسرَّته بالابن الذي جاء الروح القدس ليستقر عليه. لاحقًا، سوف نرى كيف أن لكل أقنوم في الثالوث دور حيوي ليقوم به في خلاصنا: فالآب يرسل الابن ليموت عنَّا (يوحنا ٣: ١٦)، والابن يضع حياته عنَّا ذبيحة على الصليب (غلاطية ٢: ٢٠)، والروح القدس يجعل هذا الخلاص يسري على كل شعب اللهُ (يوحنا ٣: ٣-٧).

في الفصل الأول تأمَّلنا في طبيعة وشخصية اللهُ الآب (حتى ولو لم تكن قد أدركت ذلك!). هناك رأينا أنه هو خالق كل الأشياء، وأنه قاضٍ كلِّي القدرة وأب كلِّي المحبة. في باقي هذا الفصل، سوف ننظر إلى نقاط قليلة نحتاج أن نعرفها عن اللهُ الابن.

يسوع إنسان بالمعنى التام للكلمة

إن قرأت قصص ميلاد يسوع، يتَّضح للجميع أن هذا لم يكن حبل عادي ولا طفل عادي. فقد حُبل بيسوع في رحم أمه مريم، التي كانت عذراء وقتها، بقوة الروح القدس (لوقا ١: ٢٦-٣٨). لا يقول لنا الكتاب المُقدَّس كيف حدث هذا بالتحديد؛ ولكنه يقول لنا فقط إنه قد حدث. ولأن يسوع قد حُبل به بهذه الطريقة غير العادية، أمكن أن يولد كإنسان، ولكن بلا خطية (العبرانيين ٤: ١٥؛ ١ يوحنا ٣: ٥). رغم أن الحبل بيسوع لم يكن بالصورة المعتادة، إلَّا أن الكتاب المُقدَّس واضح في نقطة أنه كان إنسانًا بالمعنى التام والصحيح للكلمة وأن له طبيعة بشرية حقيقية.

لقد كبر في رحم أمه ووُلد كطفل رضيع.

كما كبر في الحجم والنضوج العقلي مثل الأطفال الآخرين؛ لم يكن نوعًا من الأطفال المسحورين ذوي القدرات السحرية المرعبة.

لقد تعب وأُجهد مثل أي رجل آخر؛ لم يكن بمقدوره أن يركل كرة القدم أبعد منك أو مني.

عطش وجاع؛ كان له أصدقاء وذهب إلى مناسبات تناول العشاء.

شعر بالحزن والغضب والسعادة.

لا يوجد ما يشير إلى أنه إن رأيته يسير في الشارع فستلاحظ أي شيء غريب فيه.

«بِهذَا تَعْرِفُونَ رُوحَ اللهِ: كُلُّ رُوحٍ يَعْتَرِفُ بِيَسُوعَ الْمَسِيحِ أَنَّهُ قَدْ جَاءَ فِي الْجَسَدِ فَهُوَ مِنَ اللهِ، وَكُلُّ رُوحٍ لاَ يَعْتَرِفُ بِيَسُوعَ الْمَسِيحِ أَنَّهُ قَدْ جَاءَ فِي الْجَسَدِ، فَلَيْسَ مِنَ اللهِ. وَهذَا هُوَ رُوحُ ضِدِّ الْمَسِيحِ الَّذِي سَمِعْتُمْ أَنَّهُ يَأْتِي، وَالآنَ هُوَ فِي الْعَالَمِ».
(يوحنا الأولى ٤: ٢-٣)

في الأيام الأولى للكنيسة المسيحية، بدأ بعض الناس يعلِّمون بأن ابن اللهُ لم يصبح إنسانًا بشكل حقيقي. لكنهم علَّموا بدلًا من هذا بأنه فقط بدا إنه إنسان، لكنه كان في الحقيقة كيان روحي ما. وقد علَّموا بهذا لأنهم ظنُّوا أن كل الأشياء المادية أدنى في القيمة من الأشياء الروحية. وقد جادلوا بأن اللهُ لا يمكن أبدًا أن يصبح إنسانًا حقيقيًّا.

ولكن الرسول يوحنا يريد أن يكون الأمر واضح تمامًا لدينا: هذا النوع من التعليم لا يأتي من اللهُ. الحق هو أن يسوع قد جاء في الجسد؛ لقد كان إنسانًا بشريًّا حقيقيًا وبالمعنى الكامل للكلمة.

يسوع هو اللهُ بالمعنى الكامل للكلمة

صموئيل

أشخاص كثيرون في حياة صموئيل يعتقدون بشيءٍ ما من جهة يسوع. يذهب عمُّه إلى الكنيسة في عطلات نهاية الأسبوع ويحتفظ بصورة ليسوع في سيارته لتجلب له الحظ الجيِّد. بل ويرتدي بعض رجال العصابة صليبًا للحماية، كما تصلِّي بعضٌ من السيدات المتقدِّمات في السن

في الحي إلى يسوع طَلَبًا للشفاء والبركات. لذا تعجَّب صموئيل في كثير من الأحيان وتساءل: «هل يسوع أكثر من مُجرَّد رجل كان يشفي ويعلِّم ويوزِّع البركات؟»

بحسب الكتاب المُقدَّس، يسوع أعظم بكثير من هذا؛ فهو اللهُ الابن الذي أصبح إنسانًا. إنه إنسان بالمعنى الكامل والحقيقي للكلمة، ومع هذا فهو أيضًا اللهُ بالكامل. يبرهن كُتَّاب الكتاب المُقدَّس على هذا بوضوح بإظهار سمات يسوع وخصائصه المميَّزة التي بيَّن الكتاب المُقدَّس سابقًا أنها تخص اللهُ وحده:

- **إنه كلِّي القدرة**. عندما هدَّأ العاصفة الثائرة، تسائل تلاميذ يسوع بتعجُّب: «**مَنْ هُوَ هذَا؟ فَإِنَّهُ يَأْمُرُ الرِّيَاحَ أَيْضًا وَالْمَاءَ فَتُطِيعُهُ!**» (لوقا ٨: ٢٥). والإجابة التي لم ينطق بها أحد مُعلَّقة هناك: هو اللهُ بذاته! فاللهُ وحده هو القادر على التحكُّم في قوى الطبيعة (مزمور ١٣٥: ٦-٧).
- **إنه أزلي**. ذات مرة قال يسوع لخصومه إنه «**قَبْلَ أَنْ يَكُونَ إِبْرَاهِيمُ أَنَا كَائِنٌ**» (يوحنا ٨: ٥٨). يبدو هذا غريبًا، ولكن سامعوه فهموا ما كان يقصده. لقد مات إبراهيم قبل ذلك الوقت بأكثر من ٢٠٠٠ عامًا، ولكن يسوع كان يقول إنه موجود من قبل زمن إبراهيم.
- **إنه كلِّي العلم**. لقد عرف يسوع أفكار الناس (مرقس ٢: ٨) وحالة قلوبهم (يوحنا ٦: ٦٤). عبَّر الناس الذين أمضوا مع يسوع معظم وقتهم عن هذا قائلين: «**اَلآنَ نَعْلَمُ**

أَنَّكَ عَالِمٌ بِكُلِّ شَيْءٍ» (يوحنا ١٦: ٣٠). لا يمكن أن يُقال هذا إلَّا عن اللهُ وحده (مزمور ١٣٩: ١-٤).

- **لديه كل السلطان.** في العهد القديم، عندما يتكلم أنبياء اللهُ بكلمات اللهُ يقولون: «**هَكَذَا قَالَ ٱلرَّبُّ**»، ولكن يسوع لم يتكلم هكذا؛ بل كان يقول تعبيرات مثل: «**اَلْحَقَّ أَقُولُ لَكَ**» (متى ٥: ٢٦). لم يلجأ إلى سلطة أعلى لأنه لا توجد فوقه سلطة أعلى. لقد تكلم يسوع بصفته اللهُ ذاته.
- **إنه يستحق العبادة.** إن قرأت الكتاب المُقدَّس، لن ترى شيئًا ينال هذا القدر من الإدانة أكثر من شعب يعبدون شيئًا آخر غير اللهُ. ولكن الكتاب المُقدَّس واضح: عبادة يسوع فكرة صالحة (متى ٢٨: ٩؛ العبرانيين ١: ٦؛ رؤيا ١٩: ١٠)! الاستنتاج الوحيد المنطقي لكون هذا مقبولًا هو أن يسوع نفسه هو اللهُ الحقيقي.

لا يتردَّد العهد الجديد في الكلام عن يسوع بصفته اللهُ. ونورد هنا القليل من الأمثلة:

- **«وَلَهُمُ الآبَاءُ، وَمِنْهُمُ الْمَسِيحُ حَسَبَ الْجَسَدِ، الْكَائِنُ عَلَى الْكُلِّ إِلهًا مُبَارَكًا إِلَى الأَبَدِ. آمِينَ»**. (رومية ٩: ٥)
- **«مُنْتَظِرِينَ الرَّجَاءَ الْمُبَارَكَ وَظُهُورَ مَجْدِ اللهِ الْعَظِيمِ وَمُخَلِّصِنَا يَسُوعَ الْمَسِيحِ»**. (تيطس ٢: ١٣)
- **«وَأَمَّا عَنْ الابْنِ: «كُرْسِيُّكَ يَا أَللهُ إِلَى دَهْرِ الدُّهُورِ. قَضِيبُ اسْتِقَامَةٍ قَضِيبُ مُلْكِكَ»»**. (العبرانيين ١: ٨)

لماذا الاثنين؟

يقول تعليم الكتاب المُقدَّس إن يسوع اللهُ بالكامل وإنسان بالكامل. ليس هو نصف إنسان ونصف إله، كما أنه ليس روح اللهُ يتحكم في جسد إنسان، بل هو ١٠٠٪ إله و١٠٠٪ إنسان. وكلا هاتين الطبيعتين متميزتين؛ فهما لا تختلطان لينتج عنهما كائن بشري خارق. ولكن اتَّحدت هاتان الطبيعتان كلتاهما؛ يسوع ليس شخصية منقسمة حيث تقوم طبيعته الإلهية بشيء وتقوم طبيعته الإنسانية بشيء آخر.

من الهام بالنسبة لنا أن نؤمن بهذا، لأنه إن لم يكن الحال كذلك لما استطاع يسوع أن يُخلِّص الخطاة. **كان يلزم أن يكون يسوع إنسانًا بالكامل لكي يُخلِّص البشر**. كما سنرى في فصلٍ لاحق، يُخلِّصنا يسوع بواسطة كلٍ من طاعة اللهُ مكاننا، وكذلك بأخذه العقاب الذي نستحقه جزاء خطايانا على نفسه. لقد أخذ يسوع عقابنا ومنحنا طاعته. وهو يستطيع أن يحقِّق هذا فقط إن كان واحدًا منَّا. كان عليه أن يكون إنسانًا بالمعنى الكامل لكي يأخذ عقوبة البشرية ويمنح البشرية برَّهُ.

كان لا بد أن يكون يسوع هو اللهُ بالكامل لكي يصالحنا مع اللهُ. لو لم يكن يسوع هو اللهُ، لما استطاع أن يأخذ على نفسه عقوبتنا. فقط شخص غير محدود هو الذي يمكنه أن يحتمل الذنب والخطية اللا نهائيتين ومع ذلك يعيش ويحيا. نحتاج إلى يسوع، ابن اللهُ في جسد إنسان، ليقف مثل جسر بين اللهُ الأزلي والبشرية الخاطئة.

يسوع هو ذلك الجسر؛ والكلمة الكتابية المستخدمة لوصف هذه الوظيفة هي «الوسيط». لو لم يكن يسوع هو اللهُ، لما استطاع أن يأتي بنا إلى اللهُ. فإن أي يسوع أقل من اللهُ الكامل لن يقدر أن يُخلِّصنا. لا عجب إذن أن يظل الكتاب المُقدَّس يذكِّرنا بأننا لا نقدر أن نُخلِّص ذواتنا؛ فالخلاص يأتي من اللهُ وحده!

صموئيل

لأن يسوع هو اللهُ بالكامل وإنسان بالكامل، فهو بالتحديد المُخلِّص الذي يحتاجه صموئيل. كان صموئيل على وعيٍ تام بأنه فعل أمورًا فظيعة؛ لذا كان يعلم أنه ما من شخص عادي يقدر أن يحل مشكلة خطيته. ولكنه كان يتوق أيضًا لأن يعرفه شخص يقدر أن يتفهَّم شكل حياته في السابق. وبصفته إنسان بحق، يقدر يسوع أن يتعاطف مع مشاكل صموئيل ويمثِّله أمام اللهُ الآب. وبصفته اللهُ بحق، يقدر يسوع أن يبعد عنه كل خطاياه.

آيات للحفظ

«**لأَنَّهُ يُوجَدُ إِلهٌ وَاحِدٌ وَوَسِيطٌ وَاحِدٌ بَيْنَ اللهِ وَالنَّاسِ: الإِنْسَانُ يَسُوعُ الْمَسِيحُ، الَّذِي بَذَلَ نَفْسَهُ فِدْيَةً لأَجْلِ الْجَمِيعِ، الشَّهَادَةُ فِي أَوْقَاتِهَا الْخَاصَّةِ**». (تيموثاوس الأولى ٢: ٥-٦)

مُلخَّص

لـدى النـاس كل أنـواع الأفـكار الحمقـاء بشـأن يسـوع. ولكـن تعليـم الكتـاب المُقـدَّس واضـح (حتـى ولـو كان صعـب الفهـم فـي بعـض الأوقـات):

- يسوع لديه طبيعتان، طبيعة إلهية وطبيعة إنسانية.
- كل واحـدة مـن هاتيـن الطبيعتيـن كاملـة. فهـو ١٠٠٪ اللهُ و١٠٠٪ إنسـان.
- هاتـان الطبيعتـان متمايزتـان. فهـو ليـس نوعًـا مـن الكيـان المختلط الـذي هـو خليـط مـن اللهُ والإنسـان. بـل، هـو اللهُ بالكامـل وإنسـان بالكامـل.
- رغـم أن لديـه طبيعتيـن، إلَّا أن يسـوع هـو شـخص واحـد. وكل مـا ينطبـق علـى الطبيعـة البشـرية ينطبـق علـى يسـوع، وكل مـا ينطبـق علـى الطبيعـة الإلهيـة ينطبـق علـى يسـوع.

ما المقصود؟

يعمل الروح القدس بكل قوة ليبني الكنيسة

٣- من هو اللّهُ الروح القدس؟

صموئيل

توجد سيارات تابعة للكنيسة تسير في كل أرجاء الحي الذي يسكن فيه صموئيل لتلتقط الناس لحضور الخدمات ولتوصّلهم إلى أماكنهم بعد الخدمة. كلها يبدو أنها تحمل أسماء تشير إلى الروح القدس أو يوم الخمسين أو كليهما؛ وكثير منها مكتوبة باللغة الإسبانية. عندما زار صموئيل الكنيسة التي يذهب إليها عمُّه، كان الناس يرقصون ويصرخون ويسقطون على الأرض، قائلين شيئًا ليصفوا به مجيء الروح القدس عليهم. لم يختبر صموئيل أي شيء من هذا في حياته، وفي الحقيقة هو لا يريد ذلك أيضًا. من هو الروح القدس، وما هو سر أهميته؟

من هو الروح القدس؟

يمكننا أن نعبِّر عن الأمر على هذا النحو: الروح القدس هو ثالث أقنوم في الثالوث. هناك حقيقتان هامتان في هذا التصريح:

- **أولًا، الروح القدس هو شخص.** عندما نسمع كلمة «روح»، أحيانًا نتخيَّل شبحًا أو قوة لا تُرى. ولكن الروح القدس شخص؛ فنحن نشير إليه بالضمير «هو» للعاقل، وليس «هو» لغير

العاقل. يتكلم الكتاب المُقدَّس عن الروح القدس كمن يفعل كل أنواع الأشياء التي نُفكِّر أن أشخاصًا فقط هم من يقومون بها: المعرفة (١ كورنثوس ٢: ١١)، التعليم (يوحنا ١٤: ٢٦)، الحزن (أفسس ٤: ٣٠)، التعزية (أعمال ٩: ٣١)، والصلاة نيابة عن الآخرين (رومية ٨: ٢٦-٢٧).

- **ثانيًا، الروح القدس هو اللهُ.** وهذا مُتضمن بقوة في الطريقة التي يتكلم بها كُتَّاب العهد الجديد عن «**ٱلْآبِ وَٱلِٱبْنِ وَٱلرُّوحِ ٱلْقُدُسِ**» معًا (انظر متى ٢٨: ١٩ كمثال واحد على هذا). وبما أن الآب والابن كلاهما هما اللهُ، فسيكون من الغريب جدًّا لو لم يكن الروح القدس هو اللهُ ومع هذا يظل موجودًا في هذه الجملة! في أعمال ٥: ٣، يتَّهم بطرس رجلًا معينًا بالكذب على الروح القدس، ثم في الآية التالية يخبر هذا الرجل بأنه قد كذب على اللهُ (أعمال ٥: ٤)، فالكذب على الروح القدس يعني الكذب على اللهُ نفسه!

تتَّسم العلاقات البشرية كثيرًا بالتوتر والصعوبة. حتى أفضل العائلات وأحب الزيجات تتخللها لحظات من الضغط والصراع. ولكن العلاقات بين الآب والابن والروح القدس ليست كذلك. فالروح القدس مرتبط بشكل وثيق جدًّا بأعضاء الثالوث الآخرين لدرجة أنه أحيانًا يُسمَّى «**رُوحُ ٱللهِ**» (رومية ٨: ٩، والتي تشير إلى اللهُ الآب) أو «**روح يسوع**» (أعمال ١٦: ٧). كما رأينا في الفصل السابق، كان الروح القدس السبب في الحبل بيسوع في رحم أمِّه، وطوال خدمة يسوع كان الروح القدس حاضرًا ليقوده (لوقا ٤: ١)، ويقوِّيه

(لوقا ٤: ٤)، وحتى يقيمه من الأموات (رومية ١: ٤). وبسبب وجود وحدة جوهرية بين أقانيم الثالوث الثلاثة، يحب كل واحدٍ منهم الآخرين ويسر بهم ويعملون معًا لتحقيق قصدهم.

خذ وقتًا لقراءة هذين التصريحين الذين أدلى بهما يسوع لتلاميذه قبل صلبه بوقت قصير:

- **«وَأَمَّا الْمُعَزِّي، الرُّوحُ الْقُدُسُ، الَّذِي سَيُرْسِلُهُ الآبُ بِاسْمِي، فَهُوَ يُعَلِّمُكُمْ كُلَّ شَيْءٍ، وَيُذَكِّرُكُمْ بِكُلِّ مَا قُلْتُهُ لَكُمْ».** (يوحنا ١٤: ٢٦)

- **«وَأَمَّا مَتَى جَاءَ ذَاكَ، رُوحُ الْحَقِّ، فَهُوَ يُرْشِدُكُمْ إِلَى جَمِيعِ الْحَقِّ، لأَنَّهُ لاَ يَتَكَلَّمُ مِنْ نَفْسِهِ، بَلْ كُلُّ مَا يَسْمَعُ يَتَكَلَّمُ بِهِ، وَيُخْبِرُكُمْ بِأُمُورٍ آتِيَةٍ. ذَاكَ يُمَجِّدُنِي، لأَنَّهُ يَأْخُذُ مِمَّا لِي وَيُخْبِرُكُمْ. كُلُّ مَا لِلآبِ هُوَ لِي. لِهذَا قُلْتُ إِنَّهُ يَأْخُذُ مِمَّا لِي وَيُخْبِرُكُمْ».** (يوحنا ١٦: ١٣-١٥)

ماذا يفعل الروح القدس؟

أحيانًا يُسمَّى الروح القدس «العضو الخجول في الثالوث» لأنه بدلًا من أن يوجِّه الناس إلى نفسه، يدور عمله حول إكرام والإعلان عن الآب والابن. يرسل الآب (لوقا ١١: ١٣) والابن (يوحنا ١٦: ٧) الروح القدس إلى شعب الله لتحقيق مقاصدهما وإعلان الحق الخاص بهما.

ولكن ما هي هذه المقاصد؟ وماذا يفعل الروح القدس؟

توضيح

لأنه يشير إلى مجد الآب والابن، فقد نميل إلى الاعتقاد بأن الروح القدس أقل أهمية أو قوة بصورةٍ ما من أقنومي الثالوث الآخرين. ولكن إن فكَّرت في أكثر الناس قوةً وحبًّا الذين تعرفهم، فعلى الأرجح هم لا يجولون متكلِّمين عن أنفسهم بتعظُّم. في الحقيقة، الناس الجائعين للمجد الذاتي عادة ما يكونون ضعفاء للغاية وغير شاعرين بالأمان؛ ربما يمكنك تَذَكُّر شخص مثل هذا بسرعة. ولكن العظمة الحقيقية توجد في الاحتفاء بالآخرين ومحبتهم. التزام الروح القدس بمجد الآب والابن ليس علامة على الضعف؛ بل هو مؤشِّر يشير إلى عظمته!

من المستحيل أن نذكر قائمة كاملة بكل ما يفعله الروح القدس، ولكننا سنذكر هنا أربعة أشياء سيكون من المفيد بالنسبة لنا أن نعرفها بينما نسعى للعيش كمسيحيين أمناء:

١- لقد أوحى الروح القدس بالكتاب المُقدَّس.

«عَالِمِينَ هذَا أَوَّلاً: أَنَّ كُلَّ نُبُوَّةِ الْكِتَابِ لَيْسَتْ مِنْ تَفْسِيرٍ خَاصٍّ. لأَنَّهُ لَمْ تَأْتِ نُبُوَّةٌ قَطُّ بِمَشِيئَةِ إِنْسَانٍ، بَلْ تَكَلَّمَ أُنَاسُ اللهِ الْقِدِّيسُونَ مَسُوقِينَ مِنَ الرُّوحِ الْقُدُسِ». (بطرس الثانية ١: ٢٠-٢١)

الكتاب المُقدَّس ليس مجرد كلمات ونصائح وذكريات وآراء بشر، بل إن الأشخاص الذين كتبوا الكتاب المُقدَّس قد تعلَّموا من الروح القدس (كورنثوس الأولى ٢: ١٢-١٣)، وأوحي إليهم الروح القدس (تيموثاوس الثانية ٣: ١٦)، وأرشدهم الروح القدس (يوحنا ١٦: ١٢-

١٣). لهذا السبب، عندما نقرأ الكتاب المُقدَّس، ينبغي أن نقبله بصفته كلمة اللهُ لنا. وهذا يعني أننا لسنا أحرارًا في أن ننتقي ونختار الأجزاء التي نحبها ونترك تلك التي لا نحبها، فأن هذه هي كلمات الروح القدس التي تكلم بها إلينا.

٢- الروح القدس يجعلنا مؤمنين.

بالطبيعة، كل إنسان ميِّت روحيًّا وعدو لله (أفسس ٢: ١-٣). هذا هو سبب قول يسوع إننا نحتاج أن نولد من جديد؛ لأننا نحتاج أن نصير أحياءً روحيًّا (يوحنا ٣: ٣). ولكن هنا تكمن المشكلة: لا نقدر أن نحصل على حياة روحية من تلقاء أنفسنا. لا نقدر أن **نجعل** أنفسنا نولد ثانية تمامًا كما لم نقدر أن **نجعل** أنفسنا نولد في المرة الأولى – تمامًا كما لا يقدر الجسد الميِّت أن **يجعل** نفسه ينهض ويسير. يأتي حل هذه المشكلة من خلال عمل الروح القدس. بقوة الروح القدس، يُجعل الأموات روحيًّا أحياء روحيًّا. بقوة الروح القدس، يتحوَّل الأموات روحيًّا عن محبتهم للخطية ويضعوا ثقتهم في يسوع.

«**اَلرُّوحُ هُوَ الَّذِي يُحْيِي. أَمَّا الْجَسَدُ فَلاَ يُفِيدُ شَيْئًا**». (يوحنا ٦: ٦٣)

يقول يسوع إن طبيعتنا البشرية وقوتنا البشرية وحكمتنا البشرية لا يمكن أن تساعد عندما يتعلَّق الأمر بتوليد الحياة الروحية. هذا هو عمل الروح القدس وحده. لا أحد يقدر أن يصبح تابعًا حقيقيًّا للمسيح ما لم يتحرك الروح القدس أولًا بقوة ليمنحه أو يمنحها الحياة الروحية.

صموئيل

توضِّح حياة صموئيل هذا الحق تمامًا. فهو يعرف أنه لم يكن ليقدر أن يغيِّر نفسه البتَّة. فقد جاء من عالم عنيف وبلا رجاء. لم تكن لديه أيَّة فكرة بأنه يمكن حتى أن يعيش بشكل مختلف. يمكن لعمل الروح القدس القوي فقط أن يجعله يكره خطيته ويحب أمور اللهُ. هل يمكنك أن ترى الاتجاه الذي كانت حياتك ستأخذه لو لم يقتحم روح اللهُ المشهد؟

٣- الروح القدس يحيا في المؤمنين ويجعلنا مُقدَّسين.

لا ينتهي عمل الروح القدس عندما يلدَّنا ثانية. فهو لا يهجم علينا، ويجعلنا أحياء فقط ثم يتركنا وحدنا لنحاول ونكتشف كيف نعيش. بل يحيا الروح القدس داخل المؤمنين من لحظة الخلاص. حضوره في حياتنا يخصِّصنا ويفرزنا بصفتنا ملكية خاصة باللهُ (رومية ٨: ٩)، ويمنحنا الضمان بأننا حقًّا أولاد اللهُ (رومية ٨: ١٦).

«وَأَمَّا ثَمَرُ الرُّوحِ فَهُوَ: مَحَبَّةٌ فَرَحٌ سَلاَمٌ، طُولُ أَنَاةٍ لُطْفٌ صَلاَحٌ، إِيمَانٌ (أمانة) **وَدَاعَةٌ تَعَفُّفٌ. ضِدَّ أَمْثَالِ هذِهِ لَيْسَ نَامُوسٌ».** (غلاطية ٥: ٢٢-٢٣)

عندما يعيش الروح القدس داخلنا، يبدأ يُنتج ثمرًا صالحًا في حياتنا. يساعدنا حضوره وقوته في النمو في السمات التي تسر اللهُ (أشياء مثل المحبة والفرح والسلام، إلخ).

ولكن من المهم حقًّا أن ندرك أن هناك فرق بين عمل الروح القدس الذي يجعلنا أحياء روحيًّا وعمل الروح القدس الذي يقوم به في معونتنا على أن ننمو في القداسة. عندما يجعلنا الروح القدس نولد ثانية، لا نفعل أي شيء سوى أن ننال ونقبل هذه البركة، ولكن نموَّنا في القداسة أمرٌ مختلف. هنا، يعمل الروح القدس بقوة، ولكن علينا نحن أن نعمل بجواره. حيث يمكننا أن **نختار** أن نتبع شهوات جسدنا الخاطئة (تقدّم لك غلاطية ٥: ١٩-٢١ قائمة تضم بعض هذه الأشياء)، أو يمكننا أن **نختار** أن نسير بالقوة التي يمنحها لنا الروح القدس. إن كنا نريد أن ننمو في القداسة، ينبغي أن نتعاون مع عمل الروح القدس، وأن نحفظ تصرُّفاتنا وتوجُّهاتنا في انسجام وتوافق مع الأسلوب الذي يقودنا به.

٤- الروح القدس يعمل في الكنيسة.

يمنح الروح القدس مواهب روحية للمؤمنين الأفراد. وهذه عبارة عن قدرات أو قوى خاصة غير مطلوبة من كل مؤمن، ولكنها تُعطى لكي تساعد في بناء الكنيسة. لا يتمتَّع الجميع بنفس الموهبة، كما لا تبدو كل المواهب خارقة للطبيعة، ولكن كل مسيحي لديه موهبة معيَّنة من الروح القدس. ينبغي أن نرغب في هذه المواهب بحيث نقدر أن نساعد إخوتنا وأخواتنا في الكنيسة (كورنثوس الأولى ١٤: ١)، ولكن الروح القدس هو من يختار كيف سيوزِّع مواهب اللهُ على شعب اللهُ (كورنثوس الأولى ١٢: ١١).

خلقت هذه المواهب بعض الارتباك والصراع بين المسيحيين الأوائل. فقد بدا بعضها مثيرًا للإعجاب أكثر من غيرها، ونظرت

مجموعة من الناس باحتقار إلى الآخرين الذين بدت مواهبهم أقل استثنائية. ردًّا على هذا، حذَّر الرسول بولس المسيحيين من استحقار أحدهم الآخر، وإنما عليهم أن يستخدموا مواهبهم لخدمة أحدهم الآخر ولتقوية الكنيسة.

«وَلكِنَّهُ لِكُلِّ وَاحِدٍ يُعْطَى إِظْهَارُ الرُّوحِ لِلْمَنْفَعَةِ. فَإِنَّهُ لِوَاحِدٍ يُعْطَى بِالرُّوحِ كَلاَمُ حِكْمَةٍ، وَلآخَرَ كَلاَمُ عِلْمٍ بِحَسَبِ الرُّوحِ الْوَاحِدِ، وَلآخَرَ إِيمَانٌ بِالرُّوحِ الْوَاحِدِ، وَلآخَرَ مَوَاهِبُ شِفَاءٍ بِالرُّوحِ الْوَاحِدِ. وَلآخَرَ عَمَلُ قُوَّاتٍ، وَلآخَرَ نُبُوَّةٌ، وَلآخَرَ تَمْيِيزُ الأَرْوَاحِ، وَلآخَرَ أَنْوَاعُ أَلْسِنَةٍ، وَلآخَرَ تَرْجَمَةُ أَلْسِنَةٍ. وَلكِنَّ هذِهِ كُلَّهَا يَعْمَلُهَا الرُّوحُ الْوَاحِدُ بِعَيْنِهِ، قَاسِمًا لِكُلِّ وَاحِدٍ بِمُفْرَدِهِ، كَمَا يَشَاءُ». (كورنثوس الأولى ١٢: ٧-١١)

توضيح

يستعمل الرسول بولس صورة الجسد ليشرح دور مواهب الروح القدس في الكنيسة (كورنثوس الأولى ١٢: ١٤-٢٧). قد تبدو بعض الأعضاء في الجسد أكثر أهمية وسحرًا، ولكن الجسد ككل يحتاج إلى كل عضو من أعضائه، العينان والأقدام والأيدي. لا يقدر عضو أن يظن أنه أفضل من آخر لأنهم كلهم أعضاء في هذا الكل الواحد.

تعمل الكنيسة بنفس الطريقة. كل كنيسة محليَّة هي عبارة عن كائن حي مكوَّن من أفراد لدى كل واحد منهم دور ليقوم به. ما هي الموهبة التي قد يكون الروح القدس أعطاها لك لتساعد في بناء وخدمة الكنيسة؟

صموئيل

يتَّسم انطباع صموئيل عن الروح القدس من خلال ما مَرَّ به بأنه عبارة عن أشخاص يصرخون ويتدافعون في تخبط. هناك جدل في الدوائر المسيحية حول ما إذا كانت بعض من أكثر المواهب روعة قد قُصد أن تكون فقط للكنيسة الأولى أم لا، ولكن الواضح أن الروح القدس لا يسبِّب التشويش وعدم النظام، بل السلام (كورنثوس الأولى ١٤: ٣٣). لم يُقصد البتَّة أن تصدم هذه المواهب الناس أو تثيرهم، بل قُصد منها أن تساعد الكنيسة على النمو في المحبة والتقوى. قد يجرِّب بعض الناس في الكنيسة أن يجعلوا صموئيل يشعر بأنه مسيحي من الدرجة الثانية لأنه لم يختبر حضور الروح القدس بطرق دراماتيكية. ولكن ما ينبغي حقًّا أن يشتاق إليه صموئيل ويصلِّي من أجله هو عمل الروح القدس في جعله أكثر شبهًا بالمسيح.

آيات للحفظ

«وَأَمَّا ثَمَرُ الرُّوحِ فَهُوَ: مَحَبَّةٌ فَرَحٌ سَلاَمٌ، طُولُ أَنَاةٍ لُطْفٌ صَلاَحٌ، إِيمَانٌ وَدَاعَةٌ تَعَفُّفٌ. ضِدَّ أَمْثَالِ هذِهِ لَيْسَ نَامُوسٌ». (غلاطية ٥: ٢٢-٢٣)

مُلخَّص

الروح القدس هو ثالث أقنوم في الثالوث، وهو اللهُ بالكامل بمقتضى حقِّه الشخصي. وهو يوجِّه الناس إلى مجد الآب والابن ويمنح شعب اللهُ كل ما يحتاجونه ليخلصوا ويسيروا في القداسة. ينبغي أن يعتز المسيحيون بحضور الروح القدس ويجاهدوا حتى يسيروا في قداسة. كما ينبغي أيضًا أن يستخدموا المواهب التي أعطاها الروح القدس لهم لخدمة الآخرين في الكنيسة.

ما المقصود؟

يسوع هو من له الكلمة الأخيرة، وليس الشر أو الأرواح الشريرة.

٤– عالم الروح: الملائكة والأرواح الشريرة

مُلخَّص لما تعلّمناه

حتى الآن رأينا حقيقة أن اللهُ الحقيقي الواحد موجود منذ الأزل في ثلاثة أقانيم: الآب والابن والروح القدس. رأينا كيف دخل اللهُ الابن، الموجود منذ الأزل، عالمنا بأخذه جسد بشري لكي يخلِّصنا. ورأينا كيف يعمل اللهُ الروح القدس، وهو أقنوم إلهي بالتمام بمقتضى حقِّه الشخصي، فينا ليخلِّصنا ويمجِّد الآب والابن.

الآن نلتفت إلى موضوع الملائكة والأرواح الشريرة.

صموئيل

عندما كان صموئيل مراهقًا، وجد نفسه ذات مرة وبالصدفة في نطاق عصابة منافسة. وبينما هو ينتحي جانبًا في زاوية من الشارع، رأى مجموعة من الشباب تقترب منه، وكان متأكدًا من أنه على وشك أن يقع في مشكلة كبيرة. ولكن فجأة، استدارت العصابة المنافسة واستطاع صموئيل أن يشق طريقه ليصل إلى البيت سالمًا. عندما أخبر أمه بما حدث، كانت متأكدة من أن «ملاك صموئيل الحارس» كان يعتني به.

هل هذا هو ما تقوم به الملائكة؟

ربما تكون أسهل طريقة لتناول هذا الموضوع هي أن نسأل ونجيب على عدَّة أسئلة أساسية.

ما هي الملائكة؟

الملائكة عبارة عن كائنات روحية خلقها اللهُ، إنها «**كائنات روحية**» (العبرانيين ١: ١٤)، وهذا يعني أنه ليس لها أجساد مادية. وهذا هو السبب في كوننا لا نراها بالطبيعة، رغم أن اللهُ يختار أحيانًا أن يعلن عن حضورها (تفقَّد ملوك الثاني ٦: ١١-١٦ للاطلاع على قصة ممتازة عن شخص أُعطيت له القدرة على رؤية ملائكة الرب الذين كانوا يحيطون به).

في ضوء هذا، نرى أن الملائكة ليست كائنات أزلية. فقد خلقها اللهُ في الماضي لأجل مقاصده الخاصة. يبدو أن الكتاب المُقدَّس يشير إلى وجود أنواع مختلفة من الملائكة والكائنات السماوية، بعضها يسمَّى «**السيرافيم**» و«**الكروبيم**»، وبعضها له رتبة أعلى من غيره (هناك ملاك يُدعى ميخائيل يُشار إليه بأنه «**رئيس ملائكة**»). ولكن لا تُعط لنا تفاصيل كثيرة عمَّا يجعل نوعية من الملائكة تختلف عن نوعية أخرى.

ماذا تفعل الملائكة؟

تعمل الملائكة كخُدَّام أقوياء لله. في الكتاب المُقدَّس، الملائكة

تحمل رسائل للناس (لوقا ١: ٢٦-٣٨)،

تأتي بدينونة اللهُ في مواقف معيَّنة (صموئيل الثاني ٢٤: ١٦-١٧؛ أعمال ١٢: ٢٣)،

تعمل كمحاربين في الجيش السماوي (رؤيا ١٢: ٧-٨)،

تعلن تسابيح اللهُ (أيوب ٣٨: ٧؛ مزمور ١٠٣: ٢٠)،

تفرح بما قام به ليخلِّص البشر (لوقا ١٥: ١٠؛ رؤيا ٥: ١١-١٢).

«**لأَنَّهُ يُوصِي مَلاَئِكَتَهُ بِكَ لِكَيْ يَحْفَظُوكَ فِي كُلِّ طُرُقِكَ. عَلَى الأَيْدِي يَحْمِلُونَكَ لِئَلاَّ تَصْدِمَ بِحَجَرٍ رِجْلَكَ**». (مزمور ٩١: ١١-١٢)

في هذا المزمور، نرى أن إحدى الطرق التي يعتني بها اللهُ بشعبه هي عن طريق إرسال ملائكته التي لا تُرى (بالنسبة لنا!) لتحرسهم. ربما تكون أم صموئيل مُحقَّة بشأن أن ملاك ساعده ليخرج من هذا الموقف الخطير. ربما تكون قد مررت بمواقف بدا فيها أنك حصلت على مساعدة من شخص معيَّن لا يُرى. ربما يكون كل هذا هو ما حدث، ولكن هناك القليل في الكتاب المُقدَّس يجعلنا نظن أن لدينا كلنا ملاك واحد مُخصَّص لنا بصفته «ملاكنا الحارس». ولكن بدلًا من هذا، ينبغي أن نتَّكل على اللهُ في السهر علينا وفي أنه يرسل خدَّامه ليساعدونا عندما نحتاج إلى هذا.

كيف ينبغي أن نتعامل مع الملائكة؟

يخبرنا الكتاب المُقدَّس بأننا قد نواجه أحيانًا ملائكة متنكِّرين في حياتنا اليومية العادية: «**لاَ تَنْسَوْا إِضَافَةَ الْغُرَبَاءِ، لأَنْ بِهَا أَضَافَ**

أُنَـاسٌ مَلاَئِكَـةً وَهُـمْ لاَ يَـدْرُونَ» (العبرانيين ١٣: ٢؛ انظر تكوين ١٨: ١-١٥ على سبيل المثال). في حين أنه ينبغي أن يجعلنا هذا جادِّين في العناية بالغرباء، إلَّا أن الكتاب المُقدَّس لا يعطينا أي تشجيع على قضاء وقتنا باحثين عن إجراء مقابلات مع الملائكة.

صحيح أن الملائكة حقيقيون وعاملون في عالمنا، ولكن عندما يظهرون للبشر في الكتاب المُقدَّس، دائمًا ما يكون هذا بناءً على أمرٍ من اللهُ، وليس لأن الناس قد طلبوهم.

نحن نصلي لله أبينا، وليس للملائكة أبدًا.

نحن نعبد اللهُ، وليس الملائكة أبدًا (كولوسي ٢: ١٨؛ رؤيا ١٩: ١٠).

ينبغي أن نكون ممتنِّين لله من أجل أساليب إرساله ملائكته لتعتني بنا، ولكن ينبغي ألَّا نصبح مهووسين بهم لدرجة أن نهمل واجبنا في أن نحب ونطيع اللهُ ذاته.

ما هي الأرواح الشريرة؟ ومن هو إبليس؟

كثيرًا ما واجه يسوع الأرواح الشريرة في سياق خدمته (على سبيل المثال، انظر لوقا ٨: ٢٦-٣٧). ولكن في الحقيقة، لا يفسِّر كَتَبة الإنجيل ماهيتهم. يبدو أنهم يفترضون أننا نعرف. حمدًا لله، لدينا بعض المعلومات لاحقًا في العهد الجديد والتي تساعد في سدِّ بعض الفجوات في معرفتنا. في بطرس الثانية، يكتب الرسول بطرس عن الملائكة الذين أخطأوا:

«لأَنَّهُ إِنْ كَانَ اللهُ لَمْ يُشْفِقْ عَلَى مَلاَئِكَةٍ قَدْ أَخْطَأُوا، بَلْ فِي سَلاَسِلِ الظَّلاَمِ طَرَحَهُمْ فِي جَهَنَّمَ، وَسَلَّمَهُمْ مَحْرُوسِينَ لِلْقَضَاءِ». (بطرس الثانية ٢: ٤)

وفي رسالة يهوذا، نقرأ:

«وَالْمَلاَئِكَةُ الَّذِينَ لَمْ يَحْفَظُوا رِيَاسَتَهُمْ، بَلْ تَرَكُوا مَسْكَنَهُمْ حَفِظَهُمْ إِلَى دَيْنُونَةِ الْيَوْمِ الْعَظِيمِ بِقُيُودٍ أَبَدِيَّةٍ تَحْتَ الظَّلاَمِ». (يهوذا ٦)

من هاتين الآيتين، يمكننا أن نقول إن **الأرواح الشريرة عبارة عن ملائكة كانوا يومًا في السماء («مَسْكَنَهُمْ»)، ولكنهم أخطأوا في حق الله**، لأنهم **«لَمْ يَحْفَظُوا رِيَاسَتَهُمْ»**. لا يخبرنا الكتاب المُقدَّس بالتحديد ما معنى هذا، ولكن يبدو أن الأرواح الشريرة تمرَّدت على المكانة التي أعطاها لها اللهُ. ونتيجة لهذا، طُرحت هذه المجموعة في الجحيم، حيث تنتظر الدينونة الأخيرة.

إبليس هو مجرد ملاك ساقط، قائد للأرواح الشريرة. اسمه يعني «الخصم»، وقد خصَّص حياته لمقاومة اللهُ وشعبه على الدوام.

إبليس وأرواحه الشريرة مخلوقات قوية، ولكنهم ليسوا بلا حدود. أحيانًا يعذِّبوا الناس في مجموعات (انظر لوقا ٨: ٢ على سبيل المثال)، وهو ما لن يكون ضروريًّا لو أن كل واحدٍ منهم كلِّي القدرة. في الواقع، يبدو أن بعض الأرواح الشريرة أكثر أو أقل شرًّا وتدميرًا من غيرها (متى ١٢: ٤٥). لا تقدر الأرواح الشريرة أن تكون في كل الأماكن في كل الأوقات، لكنها مخلوقات ينبغي أن تأتي وتذهب (انظر يعقوب ٤: ٧؛ لوقا ٤: ١٣). الأرواح الشريرة لا تعرف كل شيء،

لأن اللهُ وحده هو الذي يعرف ما سيحدث في المستقبل (إشعياء ٤٦: ٩-١٠) ويفحص القلوب والأذهان (رؤيا ٢: ٢٣).

ماذا تفعل الأرواح الشريرة؟

يرينا الكتاب المُقدَّس أن إبليس والأرواح الشريرة الأخرى يجتهدون في عملهم في العالم. وبصفة خاصة، يسعون إلى خلق وتشجيع:

- **الألم والمعاناة الجسدية** – كثيرًا ما تُسبِّب الأرواح الشريرة العجز والعذاب الجسدي للبشر. يبدو أنهم يُسرُّون بهذا (على سبيل المثال: متى ١٢: ٢٢).
- **الارتباك والاضطراب الذهني** – عندما تنشط الأرواح الشريرة، يفقد الناس أحيانًا قدرتهم على السلوك بصورة عقلانية وتحت السيطرة (على سبيل المثال: مرقس ٥: ١-١٣).
- **العبادة الزائفة** – الأوثان والآلهة الكاذبة التي عبدها شعب كنعان كانت في الواقع أرواحًا شريرة (انظر تثنية ٣٢: ١٧). عندما عبدها الناس، كانوا في الواقع يعبدون إبليس وأرواحه الشريرة.
- **الخطية في شعب اللهُ** – نرى إبليس يجرِّب شعب اللهُ بأن يعصوا اللهُ (انظر أخبار الأيام الأول ٢١: ١؛ لوقا ٢٢: ٣١). كما يدبِّر الشيطان المكائد ضدهم (أفسس ٦: ١١) لكي يطرحهم روحيًّا.

ولكـي يحقِّقـوا هـذه الأهـداف، نـرى الأرواح الشـريرة تنفِّـذ الاستراتيجيات التالية:

- **الهجوم** – يرينـا الكتـاب المُقدَّس أشـخاصًا تأثَّروا بصـورة خاصة بقـوة وتأثيـر الأرواح الشـريرة (يمكننـا أن نقـول إنهـم «بهـم روح شـرير» أو «قـد لبسـتهم تلـك الأرواح»). بـل وتتكلـم أفسـس ٦: ١٦ عـن «**سِـهَامِ الشِّـرِّيرِ الْمُلْتَهِبَـةِ**»، وهـو مـا يبـدو أنـه يشـير إلـى أنـه علـى المؤمنيـن أن يتوقَّعـوا أن يختبـروا هجمـات روحيـة بصفـة دوريـة مـن القـوة الشـيطانية.
- **الخداع** – قـال الـرب يسـوع هـذا عـن الشـيطان: «**مَتَـى تَكَلَّـمَ بِالْكَـذِبِ فَإِنَّمَـا يَتَكَلَّـمُ مِمَّـا لَـهُ، لأَنَّـهُ كَـذَّابٌ وَأَبُـو الْكَـذَّابِ**» (يوحنـا ٨: ٤٤). تغـوي القـوى الشـيطانية النـاس حتـى لا يصدِّقـوا اللهُ، ويعمـي غيـر المؤمنيـن عـن جمـال وحـق الخـلاص الإلهـي فـي المسـيح (كورنثـوس الثانيـة ٤: ٤). لـو كان إبليـس أمينًـا بشـأن نوايـاه، لتبعـه عـدد قليـل جـدًّا مـن النـاس. ولكنـه بـدلًا مـن هـذا، يتظاهـر بأنـه مـلاك نـور لكـي يخـدع الكثيريـن (كورنثـوس الثانيـة ١١: ١٣-١٥).
- **الإغـواء** – يغـوي إبليـس النـاس ليقعـوا فـي الخطيـة بتشـجيعهم علـى التصـرُّف بنـاء علـى أفكارهـم الحمقـاء (تكويـن ٣: ٤-٦)، وشـهواتهم المفرطـة (كورنثـوس الأولـى ٧: ٥)، وميولهـم الخاطئـة (أعمـال ٥: ٣).

صموئيل

مؤخرًا، كان صموئيل يصارع مع الاكتئاب؛ لدرجة أنه فكَّر في الانتحار. قالت له عمَّته إنه ربما يكون هناك «حصن» شيطاني في حياته مما قد يفسِّر لماذا هو منزعج وغير سعيد في أوقات كثيرة. هل مشاكل صموئيل ناتجة عن خطأه، أم يمكن إلقاء اللوم على نشاط الأرواح الشريرة؟ كيف يمكنه أن يعرف؟ على أي حال، ماذا ينبغي عليه أن يفعل حيال هذا؟

هل الأرواح الشريرة مسؤولة عن تصرُّفاتي؟

لا يقضي الكتاب المُقدَّس وقتًا كبيرًا في الحديث عن النشاط الشيطاني من حيث علاقته بخطيتنا. لكننا نرى أن

مصدر تصرُّفاتنا الشريرة هو غالبًا قلوبنا نحن (متى ١٥: ١٩)،

والتي منها تنبع كلماتنا (يعقوب ٣: ٥-٦)،

وتصرُّفاتنا (غلاطية ٥: ١٩-٢١).

بصورة أساسية، نحن ممتازين في فعل الخطأ؛ لدرجة أننا لسنا بحاجة للكثير من التأثير الشيطاني لكي نخطئ.

ومع هذا، نحتاج أن نكون حرصين بينما نُفكِّر في الطريقة التي تعمل بها الأرواح الشريرة في حياتنا. هناك خطورة كبيرة في ألَّا نعي تمامًا القوى الخفية التي تسعى لإيذائنا أذيَّة روحية شديدة. ينبغي أن نقاوم الشيطان (يعقوب ٤: ٧)، وأن نُصلِّي بقوة ضد تأثيره في كلٍ

من حياتنا والعالم من حولنا (متى ٦: ١٣). يحذِّر الرسول بطرس المؤمنين:

«**أُصْحُوا وَاسْهَرُوا. لأَنَّ إِبْلِيسَ خَصْمَكُمْ كَأَسَدٍ زَائِرٍ، يَجُولُ مُلْتَمِسًا مَنْ يَبْتَلِعُهُ هُوَ**». (بطرس الأولى ٥: ٨)

ولكن من الناحية الأخرى، ينبغي ألَّا نجول متوقِّعين أن نجد روحًا شريرًا يختبئ خلف كل مشكلة وكل موقف نتعرَّض فيه للألم. لا يفترض الكتاب المُقدَّس أن كل اختبار للمرض، والإدمان، والفشل هو نتيجة مباشرة لنشاط شيطاني. أحيانًا، نكون **نحن** المشكلة، إذ نقوم بأمور نعرف أنها خطأ، ونستسلم لشهواتنا الخاطئة، ونختار اختيارات حمقاء.

وهذا هو السبب في أن كلمة الله لا تخبر الناس الواقعين في فخ الخطية أن يجولوا ليطردوا الأرواح الشريرة التي تسبِّب المشاكل، بل أن يفعلوا أشياءً أكثر «مَلَلًا» بكثير، مثل الهروب من الشهوات الشبابية (تيموثاوس الثانية ٢: ٢٢)، ومقاومة الشيطان (بطرس الأولى ٥: ٩)، والاعتراف بخطاياهم بعضهم لبعض (يعقوب ٥: ١٦).

«**وَإِذْ كُنْتُمْ أَمْوَاتًا فِي الْخَطَايَا وَغَلَفِ جَسَدِكُمْ، أَحْيَاكُمْ مَعَهُ، مُسَامِحًا لَكُمْ بِجَمِيعِ الْخَطَايَا، إِذْ مَحَا الصَّكَّ الَّذِي عَلَيْنَا فِي الْفَرَائِضِ، الَّذِي كَانَ ضِدًّا لَنَا، وَقَدْ رَفَعَهُ مِنَ الْوَسَطِ مُسَمِّرًا إِيَّاهُ بِالصَّلِيبِ، إِذْ جَرَّدَ الرِّيَاسَاتِ وَالسَّلاَطِينَ أَشْهَرَهُمْ جِهَارًا، ظَافِرًا بِهِمْ فِيهِ**». (كولوسي ٢: ١٣-١٥)

في النهاية، أهم شيء ينبغي أن نعرفه عن إبليس وأرواحه الشريرة هو أن يسوع قد غلبهم بحياته، وموته وقيامته! الآن، عندما يتكلم

بولس عن «**الرِّيَاسَاتِ وَالسَّلاَطِينَ**» في هذه الفقرة، فهو يشير إلى الشيطان وأرواحه الشريرة (انظر أفسس ٦: ١٢ للاطلاع على تعبيرات مشابهة). عندما مات يسوع على الصليب، أحرز نصرًا حاسمًا على القوات التي تقاوم اللهُ وشعبه. وقد تم نزع سلاح هذه القوات لأن يسوع قد نزع منهم كل ما يمكنهم استخدامه ضدنا.

عندما يتَّهم إبليس شعب الله بالخطية، يجد أن خطايانا وذنوبنا قد تم دفع ثمنها بالفعل؛ لقد تم تسميرها على صليب المسيح.

إذن، في النهاية، ما من قوة في العالم – مهمًا كانت قوية، ومهمًا كانت شريرة – تقدر أن تفصل واحدًا من أولاد اللهُ عن محبته (رومية ٨: ٣٨-٣٩).

آيات للحفظ

«**أَنْتُمْ مِنَ اللهِ أَيُّهَا الأَوْلاَدُ، وَقَدْ غَلَبْتُمُوهُمْ لأَنَّ الَّذِي فِيكُمْ أَعْظَمُ مِنَ الَّذِي فِي الْعَالَمِ**». (يوحنا الأولى ٤: ٤)

مُلخَّص

الملائكة والأرواح الشريرة كائنات روحية حقيقية تعمل في العالم من حولنا. ينبغي أن نكون شاكرين لله من أجل الطرق التي يستخدم بها ملائكته ليعتني بنا، وكذلك نحذر من الطرق التي تسعى بها الأرواح الشريرة لإيذائنا روحيًّا. ولكن، لا يشجِّعنا الكتاب المُقدَّس على أن نركِّز على هذه الأمور وننغمس في تخمينها بلا نهاية. وإنما ينبغي أن نركِّز طاقتنا على خدمة اللهُ والعيش في ضوء ما فعله يسوع لأجلنا من خلال موته وقيامته.

ما المقصود؟

الكتاب المُقدَّس يساعدنا حتى نفهم ما الخطأ الذي جرى في العالم.

٥- الخلق والسقوط

مُلخَّص لما تعلَّمناه

حتى الآن ركَّزنا على أمور لا نراها بعيوننا إلى حدٍ كبير: الثالوث، والملائكة، والأرواح الشريرة. لا يمكننا أن نلمس أو نذوق أو نرى هذه الأمور، لكنها أمور حقيقية جدًّا ولها تأثير حقيقي على عالمنا.

صموئيل

إذا نظرت إلى قصة حياة صموئيل، سيكون من الصعب فهمها. كيف يمكن أن يكون أساسًا شخصًا لطيفًا وكريمًا ومراعٍ للآخرين... ومع ذلك يقدر أيضًا أن يفعل أمورًا فظيعة، خاصة في ماضيه؟ تعجَّب صموئيل لفترة طويلة بشأن أصدقائه في العصابة. في معظم الظروف، كانوا أوفياء ومحبِّين، ولكنهم كذلك فعلوا أمورًا فظيعة مع الناس. بدرجات متنوعة، ينطبق هذا التباين الأخلاقي على الجميع. كلنا نبدو أننا نتكوَّن من خليط من الخير والشر، الطيبة والأنانية. حتى أفضل الناس لديهم أخطائهم؛ وحتى أسوأ الناس عادة ما يكون لديهم بعض السمات اللطيفة. كيف يمكننا أن نفسِّر هذه الحقيقة؟

من صنع كل هذا؟

إن كنا نريد أن نفهم العالم الذي نعيش فيه، من الأفضل أن نبدأ من البداية. وهكذا ليس من المفاجئ أن نرى أن أول شيء يعالجه الكتاب المُقدَّس هو السؤال الخاص بمن أين أتينا.

«**فِي الْبَدْءِ خَلَقَ اللهُ السَّمَاوَاتِ وَالأَرْضَ**». (تكوين ١: ١)

قد يبدو هذا مثل تصريح بسيط، ولكن هناك معلومات هامة مُكدَّسة في هذا التصريح:

- نرى أن **العالم له بداية**. وهذا يعني أنه لم يكن موجودًا منذ الأزل. كان هناك وقت لم تكن فيه السماوات والأرض موجودة.
- ولكننا نرى أيضًا أنه قبل البداية، كان اللهُ موجودًا بالفعل. **اللهُ ليست له بداية؛ بل هو موجود على الدوام ومنذ الأزل.**
- أخيرًا، نرى أن **اللهُ هو من صنع السماوات والأرض**. لم تأتِ الأشياء إلى حيِّز الوجود من خلال قوى طبيعية محضة؛ لا شيء «حدث وحسب». لقد خلق اللهُ كل الكون ببساطة بأن تكلَّم آمرًا الأشياء بالوجود. يخبرنا تكوين ١: ٣: «**وَقَالَ اللهُ: «لِيَكُنْ نُورٌ»، فَكَانَ نُورٌ**».

لو كان عالمنا محض «صدفة»، لو كان خلق نفسه من خلال انفجار هائل أو تطوُّر بطيء على مرِّ الزمن، لكان من الصعب أن نرى أن له أي معنى أو أن هناك قصد من ورائه.

ما معنى أن نقول إن هناك «صواب» أو «خطأ» لو كان كل شيء موجود بفعل الصدفة؟

كيف يمكننا أن نقول إن شيئًا «جيِّد» أو «سيِّء» إن لم نكن أكثر من نتاج تفاعلات كيميائية وطاقة؟

ولكن ليس هذا هو العالم الذي نعيش فيه. اللهُ الذي خلق هذا العالم هو شخص؛ وهو يعرفنا ويمكن أن يكون معروفًا لنا. ولأنه خلق كل شيء (بما في ذلك نحن!) فهو يملك السلطان على كل شيء (بما في ذلك نحن!)، وله الحق في أن يُحدِّد ما هو صواب وما هو خطأ. «السلطان» هو الحق في إقرار القواعد، واللهُ الخالق هو من يقر القواعد للكون الذي يمتلكه. هو يخبرنا كيف نعيش، وهو يخبرنا ما هو صالح وما هو سيِّء، ولا يحتاج نصيحتنا أو مساهمتنا. علاوة على ذلك، ليس من حقِّنا أن نناقش القرارات التي يأخذها اللهُ أو نتجادل معه بشأن تصرُّفاته. على سبيل المثال، انظر إلى التأنيب الذي يحصل عليه أيوب، في أيوب ٣٨-٤١، عندما حاول مطالبة اللهُ بأن يوضِّح موقفه وأسباب تصرُّفاته معه!

كما تعني حقيقة أن اللهُ خلق العالم أن كل الأشياء تخبرنا بأمور هامة عن الشخص الذي خلقها. تمامًا كما تعلن اللوحة أو القطعة المنحوتة شيئًا عن إبداع وبصيرة الفنان، هكذا يرينا العالم الذي صنعه اللهُ شيئًا من شخصيته. يخبرنا الرسول بولس بأن كل إنسان يعي بوجود اللهُ، لأنه أرانا نفسه في الأشياء التي صنعها:

«إِذْ مَعْرِفَةُ اللهِ ظَاهِرَةٌ فِيهِمْ، لأَنَّ اللهَ أَظْهَرَهَا لَهُمْ، لأَنَّ أُمُورَهُ غَيْرَ الْمَنْظُورَةِ تُرَى مُنْذُ خَلْقِ الْعَالَمِ مُدْرَكَةً بِالْمَصْنُوعَاتِ، قُدْرَتَهُ السَّرْمَدِيَّةَ وَلاَهُوتَهُ، حَتَّى إِنَّهُمْ بِلاَ عُذْرٍ». (رومية ١: ١٩-٢٠)

ويكتب الملك داود في المزامير:

«اَلسَّمَاوَاتُ تُحَدِّثُ بِمَجْدِ اللهِ، وَالْفَلَكُ يُخْبِرُ بِعَمَلِ يَدَيْهِ». (مزمور ١٩:١)

بمجرد التطلُّع على العالم الذي خلقه اللهُ، يمكننا أن نفهم كل أنواع الأمور بخصوص «طبيعته الإلهية». فإن

مجده،

وقدرته،

وجماله،

وإبداعه،

وعدله،

وقوته،

كلها ظاهرة في خليقته.

توَقَّف

هل تعني حقيقة أن اللهَ خلق كل شيء أن هناك قصد من وراء خلق العالم؟ لو بدأ كل شيء في الوجود من تلقاء ذاته، هل كان من الممكن للعالم أن يكون له معنى وقصد نهائي؟

في الصورة

يخبرنا سفر التكوين أن اللهُ قد خلق العالم على مدار ستَّة أيام (واستراح من عمل الخلق في اليوم السابع). في كل يوم من أيام الخلق، صنع اللهُ شيئًا جديدًا. على سبيل المثال، في اليوم الثالث صنع كل أنواع النباتات والأشجار، وفي اليوم السادس خلق اللهُ أول كائنات بشرية: آدم (أول رجل)، وحواء (أول امرأة). معًا، كانا يمثِّلان ذروة عمل الله.

«وَقَالَ اللهُ: نَعْمَلُ الإِنْسَانَ عَلَى صُورَتِنَا كَشَبَهِنَا، فَيَتَسَلَّطُونَ عَلَى سَمَكِ الْبَحْرِ وَعَلَى طَيْرِ السَّمَاءِ وَعَلَى الْبَهَائِمِ، وَعَلَى كُلِّ الأَرْضِ، وَعَلَى جَمِيعِ الدَّبَّابَاتِ الَّتِي تَدِبُّ عَلَى الأَرْضِ. فَخَلَقَ اللهُ الإِنْسَانَ عَلَى صُورَتِهِ. عَلَى صُورَةِ اللهِ خَلَقَهُ. ذَكَرًا وَأُنْثَى خَلَقَهُمْ. وَبَارَكَهُمُ اللهُ وَقَالَ لَهُمْ: أَثْمِرُوا وَاكْثُرُوا وَامْلأُوا الأَرْضَ، وَأَخْضِعُوهَا، وَتَسَلَّطُوا عَلَى سَمَكِ الْبَحْرِ وَعَلَى طَيْرِ السَّمَاءِ وَعَلَى كُلِّ حَيَوَانٍ يَدِبُّ عَلَى الأَرْضِ». (تكوين ١: ٢٦-٢٨)

لاحظ ماذا نتعلَّم عن البشر من هذه الآيات:

- **خُلق البشر ذكورًا وإناثًا.** كان الجنس فكرة اللهُ من البداية.
- أُعطيَ للبشر **«سُلطانًا» على العالم.** بكلمات أخرى، كان يُفترض بهم أن يعملوا كوكلاء اللهُ على الأرض. وهم

يفعلون هذا بينما يملأون الأرض بالمزيد من البشر، وعليهم جميعًا أن يهتموا بالحيوانات والنباتات وباقي الخليقة ويسودوا عليها.

- **خُلق البشر على صورة الله.** أكثر من أي جزء آخر من الخليقة، صُمِّم الرجال والنساء ليُظهروا بوضوح كيف يبدو الله. لدى الناس القدرة على أن يُفكِّروا بعقلانية، وأن يكوِّنوا علاقات شخصية، وأن يبدعوا أعمالًا جميلة، وأن يقرِّروا قرارات أخلاقية. بهذه الطرق (وغيرها)، يعكسون شيئًا من صلاح الله وشخصيته.

تَوَقَّف

كل إنسان قابلته أو سوف تقابله يومًا هو مخلوق على صورة اللّهُ. كيف يشكّل هذا الأسلوب الذي تُفكّر به في قيمة الحياة الإنسانية؟ كيف ينبغي أن يُغيّر هذا من الطريقة التي تتعامل بها مع الآخرين في الحياة اليومية؟

«**وَأَمَّا اللِّسَانُ، فَلاَ يَسْتَطِيعُ أَحَدٌ مِنَ النَّاسِ أَنْ يُذَلِّلَهُ. هُوَ شَرٌّ لاَ يُضْبَطُ، مَمْلُوٌّ سُمًّا مُمِيتًا. بِهِ نُبَارِكُ اللهَ الآبَ، وَبِهِ نَلْعَنُ النَّاسَ الَّذِينَ قَدْ تَكَوَّنُوا عَلَى شِبْهِ اللهِ**». (يعقوب ٣: ٨-٩)

سقوط مُدمِّر

بعد خلق آدم حواء، أعلن الله أن كل ما عمله «**حَسَنٌ جِدًّا**» (تكوين ١: ٣١). ولكن لم يمر وقت طويل قبل أن تذهب الأمور من الحسن

إلى السيِّء. إذ نرى أن اللهُ أخبر آدم وحواء بأنهما أحرار في الأكل من أي شيء يريدانه في العالم الذي خلقه الله – باستثناء شيء واحد فقط. كان عليهما ألَّا يأكلا من شجرة معرفة الخير والشر. وطالما أطاعا وصية الله، كانا سيعيشان إلى الأبد في سعادة تامة، ولكن إن عصيا اللهُ وأكلا من هذه الشجرة، موتًا سوف يموتا (تكوين ٢: ١٧).

ربما تعرف كيف سارت بقية القصة. ظهر الشيطان في الجنة في صورة حيَّة، وأغوى حواء. وكانت النتائج كارثية:

«وَكَانَتِ الْحَيَّةُ أَحْيَلَ جَمِيعِ حَيَوَانَاتِ الْبَرِّيَّةِ الَّتِي عَمِلَهَا الرَّبُّ الإِلهُ، فَقَالَتْ لِلْمَرْأَةِ: أَحَقًّا قَالَ اللهُ لاَ تَأْكُلاَ مِنْ كُلِّ شَجَرِ الْجَنَّةِ؟ فَقَالَتِ الْمَرْأَةُ لِلْحَيَّةِ: مِنْ ثَمَرِ شَجَرِ الْجَنَّةِ نَأْكُلُ، وَأَمَّا ثَمَرُ الشَّجَرَةِ الَّتِي فِي وَسَطِ الْجَنَّةِ فَقَالَ اللهُ: لاَ تَأْكُلاَ مِنْهُ وَلاَ تَمَسَّاهُ لِئَلاَّ تَمُوتَا. فَقَالَتِ الْحَيَّةُ لِلْمَرْأَةِ: لَنْ تَمُوتَا! بَلِ اللهُ عَالِمٌ أَنَّهُ يَوْمَ تَأْكُلاَنِ مِنْهُ تَنْفَتِحُ أَعْيُنُكُمَا وَتَكُونَانِ كَاللهِ عَارِفَيْنِ الْخَيْرَ وَالشَّرَّ. فَرَأَتِ الْمَرْأَةُ أَنَّ الشَّجَرَةَ جَيِّدَةٌ لِلأَكْلِ، وَأَنَّهَا بَهِجَةٌ لِلْعُيُونِ، وَأَنَّ الشَّجَرَةَ شَهِيَّةٌ لِلنَّظَرِ. فَأَخَذَتْ مِنْ ثَمَرِهَا وَأَكَلَتْ، وَأَعْطَتْ رَجُلَهَا أَيْضًا مَعَهَا فَأَكَلَ». (تكوين ٣: ١-٦)

هل لاحظت ما يكمن في قلب تجربة الشيطان؟ لقد شكَّك فيما إذا كان ينبغي على آدم وحواء أن يصدِّقا ويطيعا كلمات اللهُ. وهو يقترح أن اللهُ لم يقصد فعلًا ما قاله، وإن فعل، ينبغي ألَّا يصدقاه. قرَّرت حواء (وآدم من بعدها) ألَّا تصدق وألَّا تطيع الله – وهكذا دخلت الخطية إلى العالم. أحيانًا، يشير المسيحيون إلى هذا تحت اسم

«السقوط»، لأنه عندما أخطأ آدم وحواء، «سقط» الجنس البشري من حالة الكمال إلى حالة من الخطية.

صموئيل

يبدو الأمر كما لو أن هناك ملايين الأصوات التي تتردَّد في أذن صموئيل. لدى الناس من حوله آراء بشأن الطريقة التي ينبغي أن يعيش حياته بها. أصدقاؤه القدامى يبدون سعداء بحياتهم المليئة بالشرب والمخدَّرات والتسكُّع في كل مكان، بينما يبدو أن عائلته لا تعيش لشيء سوى تأمين احتياجاتها المادية. ثم يجد أن كلمة اللهُ لديها رؤية مختلفة تمامًا عن الطريقة التي ينبغي أن يعيش بها. كيف نعرف «صوت» من هو الذي ينبغي أن نثق به؟ كما سنرى، بدأت كل مشاكلنا عندما أنصت شخصٌ ما لصوت غير صوت اللهُ.

النتائج

كانت لخطية آدم وحواء نتائج رهيبة، ليس فقط عليهما، بل وعلى كل البشرية التي جاءت من بعدهما. فيما يلي قلَّة من تلك النتائج:

- **الخطية** – يولد كل نسل آدم (أي أنت وأنا وكل البشر الآخرين) بطبيعة خاطئة موروثة. نحن نخطئ جميعًا لأننا كلنا خطاة؛ تنشأ الأمور الخاطئة التي نفعلها من قلوبنا الخاطئة.

- **الموت** – وَعَد اللهُ بأن العصيان سيجلب الموت، وهذا هو ما حدث بالضبط. عندما أخطأ آدم وحواء، دخل الموت الجسدي إلى العالم. ولكن الأكثر من هذا، هو أن «الموت الروحي» أصبح أيضًا حقيقة واقعة. نحن أموات روحيًّا (أفسس ٢: ١) ونستحق العقاب الأبدي على تمرُّدنا على اللهُ.
- **اللعنة** – بسبب الخطية، وُضعت كل الخليقة تحت اللعنة (تكوين ٣: ١٦-١٩؛ رومية ٨: ٢٠-٢٢). لم يَعُد العالم يعمل بالطريقة التي كان ينبغي أن يعمل بها. إن الكوارث الطبيعية والمجاعات والبُطْل والألم والمعاناة كلها نتائج الخطية.

توضيح

هل سبق ورأيت بيت المرايا؟ إذا نظرت في إحدى هذه المرايا المقعرة إلى الداخل، سوف ترى صورتك، ولكنك ستبدو أقصر وأسمن بشكل مضحك. وإذا نظرت في مرآة محدَّبة، ستظل ترى صورتك، ولكنك ستبدو أطول وأرفع بشكل يبعث على السخرية. ربما تكون هذه طريقة مفيدة تساعدك على التفكير في معنى أن يكون البشر «ساقطين» ومع هذا لا زالوا مخلوقين على صورة اللهُ. لا زلنا نعكس صورة الله، ولكن بدلًا من أن تكون صورة صافية ودقيقة نجدها مشوَّهة بشكل سيِّء. هذا هو السبب في أن نفس الشخص يمكن أن يكون قادرًا على الحب والكره، أو على اللطف والقسوة.

آيات للحفظ

«**إِذِ الْجَمِيعُ أَخْطَأُوا وَأَعْوَزَهُمْ مَجْدُ اللهِ**». (رومية ٣: ٢٣)

مُلخَّص

اللهُ هو خالق كل شيء، وبالتالي فهو له كل السلطان على العالم وكل من يعيش فيه. لقد خلق آدم وحواء ليعكسا صورته إذ يعتنيا بالعالم، ولكنهما لم يرضوا بأن يصدِّقا كلمته ويطيعا وصاياه. وهكذا لم يصدِّقا اللهُ وعصياه. ونتيجة لهذا، أصبح كل الناس خطاة ومغتربين عن اللهُ وتحت دينونته البارة.

ما المقصود؟

موت يسوع على الصليب هو عطية عجيبة

٦- الكفَّارة والاختيار

مُلخَّص لما تعلَّمناه

يُعلِّمنا الكتاب المُقدَّس أن اللهُ خلق كل البشر على صورته. ونتيجة لهذا، يتمتَّع كل الناس بالكرامة والقدرة على المحبة والجمال والإبداع. ولكن بسبب الخطية، نحن جميعًا منفصلون عن اللهُ وأموات روحيًّا. كيف يمكننا أن نصالح أنفسنا مع اللهُ إذا كنا قد جعلنا من أنفسنا أعداءً له؟ كيف يمكن لأشخاص أموات روحيًّا أن يعودوا إلى الحياة؟

صموئيل

طوال حياته، كان صموئيل مُحاطًا بصورة لصليب يسوع. كما كانت الصلبان الخشبية الضخمة تلوِّح فوقه من على قمم الكنائس في موطنه. وكانت الصلبان التي عليها صورة يسوع تتدلَّى من عنق الكهنة. وكان أعضاء العصابة يرسمون وشومًا عبارة عن صلبان كبيرة على ظهورهم. كما كانت العمَّات المسنَّات ترسمن بأيديهن علامة الصليب متى كان شيء هام يحدث. ولكنه لم يفهم البتَّة معنى الصليب ولا لماذا كان على يسوع أن يموت بهذه الطريقة.

كيف يُخلّصنا موت يسوع

لا يمكننا أن نُصلِح وضع خطيتنا **لأننا نحن المشكلة، وليس الحل!** إن كنا نريد أن يتم تصحيح الأمور، يتعيَّن أن يكون اللهُ هو من يقوم بهذا التصحيح. شكرًا للرب، فهذا بالضبط ما فعله لأجلنا بإرساله ابنه.

«**إِذِ الْجَمِيعُ أَخْطَأُوا وَأَعْوَزَهُمْ مَجْدُ اللهِ، مُتَبَرِّرِينَ مَجَّانًا بِنِعْمَتِهِ بِالْفِدَاءِ الَّذِي بِيَسُوعَ الْمَسِيحِ، الَّذِي قَدَّمَهُ اللهُ كَفَّارَةً بِالإِيمَانِ بِدَمِهِ، لإِظْهَارِ بِرِّهِ، مِنْ أَجْلِ الصَّفْحِ عَنِ الْخَطَايَا السَّالِفَةِ بِإِمْهَالِ اللهِ. لإِظْهَارِ بِرِّهِ فِي الزَّمَانِ الْحَاضِرِ، لِيَكُونَ بَارًّا وَيُبَرِّرَ مَنْ هُوَ مِنَ الإِيمَانِ بِيَسُوعَ**». (رومية ٣: ٢٣-٢٦)

ربما تبدو هذه الفقرة من كتابات الرسول بولس صعبة الفهم لأول وهلة. على أي حال، تمتلئ هذه الفقرة بكلمات لا نستخدمها كثيرًا. ولكن إن أخرجناها من النص، سنرى أنه يخبرنا بالضبط كيف يُخلِّصنا موت يسوع:

- يُذكِّرنا بولس بأننا كلنا قد **أخطأنا**. لقد تأمَّلنا ذلك كثيرًا في الفصل السابق. هذه مشكلة نحتاج أن يحلَّها اللهُ لأجلنا.
- رغم أننا قد أخطأنا، إلَّا أنه يمكن أن **نتبرَّر**. أن نتبرَّر يعني أن نكون مقبولين كأشخاص أبرار. ومع هذا فالأمر أكبر من مجرد أن نوجد «غير مذنبين»؛ إنه إعلان أننا صالحون وفي حالة حسنة.

- الطريقة الوحيدة التي نتبرَّر بها هي **عطية نعمة الله**. نحن لا نقدر أن نجعل أنفسنا أبرارًا لأنه حتى ولو توقَّفنا عن الخطية الآن (وهو ما لن يحدث!)، لكننا ما زلنا مذنبين بالكثير من الخطايا التي فعلناها في الماضي. نحتاج أن يتراءف اللهُ علينا، وأن يمنح الخطاة موقفًا صحيحًا أمامه كعطية لا نستحقها.

- تأتي هذه العطية إلينا من خلال **الفداء الذي في المسيح يسوع**. وهذا يعني، أنه من خلال يسوع فقط يُخلِّصنا اللهُ من مشكلة خطيتنا.

- كانت الطريقة التي فعل بها اللهُ هذا بتقديم يسوع ترضية وكفَّارة لأجلنا. هذه طريقة مُعقَّدة (ولكنها هامة) نَعبُر بها عن «شيء يرضي الغضب». لقد كان اللهُ غاضبًا من خطايانا، وله كل الحق في ذلك، ولكن يسوع صنع تلك الترضية لكي يصالحنا إلى اللهُ. الآن، وبسبب ذبيحة يسوع الكاملة، أصبح اللهُ مسرورًا بنا.

- وقد فعل يسوع هذا **بدمه**. هنا، يتكلم بولس عن موت يسوع على الصليب. على الصليب، أرضى يسوع غضب اللهُ على كل خطايا جميع من يؤمنون به. سكب اللهُ عدله البار على يسوع، لذلك لا يتبقَّى لنا الآن سوى المحبة والنعمة.

- ونحن ننال هذه العطية العجيبة **بالإيمان**. من الواضح أنه لا يمكننا أن نضيف أي شيء على ما فعله يسوع. كل ما

يمكننا فعله هو قبول عطية اللهُ بالاتكال على يسوع لأجل خلاصنا.

- بهذه الطريقة، يبيِّن اللهُ أنه **عادل ويبرِّر من يؤمن بيسوع.** فهو بار وعادل لأنه لم يلوِّح بعصا سحرية فحسب ويتظاهر بأن خطايانا قد ذهبت بعيدًا. لو فعل اللهُ هذا، لما كان إلهًا بارًّا وعادلًا؛ فأي نوع من القضاة يترك المذنبين يذهبون أحرارًا؟ لكي يحرِّرنا، كان عليه أن يفعل شيئًا حيال ذنبنا. وهكذا، بدلًا من مجرد تجاهُل خطيتنا، أرسل اللهُ ابنه ليرضي مطالب العدل ضد خطايانا بالموت على الصليب. بمعاقبة يسوع على خطايانا، يبرهن اللهُ على أنه عادل. وكذلك، فهو من يبرِّرنا لأنه من نفَّذ كل هذه الخطَّة ليهتم بمسألة غفران خطايانا وردَّنا إليه من خلال يسوع.

لم يكن موت يسوع على الصليب ببساطة إشارة رائعة تُعبِّر عن المحبة. كما لم تكن مجرد طريقة ليبيِّن لنا بها كيف ينبغي أن نُضحِّي لأجل بعضنا البعض. عندما مات يسوع على الصليب، حقَّق شيئًا في الواقع. لقد كفَّر (أي أنه عوَّض عن) خطايانا بأن أخذ مكاننا، آخذًا عقابنا، ثم قام من الأموات منتصرًا.

توَقَّف

يظـن أشـخاص كثيـرون أن ديانـات العالـم المختلفـة تُقـدِّم طُرُقًـا صحيحـة ومشـروعة علـى قـدَم المسـاواة حتـى يكـون النـاس فـي موقـف سليم مـع اللّه. هـل يُغيِّـر مـوت يسـوع الطريقـة التـي نُفكِّـر بهـا فـي هـذه الفكـرة؟ لـو كانـت هناك طُرُقًـا أخـرى حتـى يخلـص النـاس بها مـن خطاياهـم، لمـاذا اختـار يسـوع أن يمـوت هكـذا؟ لـو كانـت هنـاك طريقـة أخـرى ليخلـص بهـا المرء، هـل كان يسـوع ليمـوت مـن الأسـاس؟

مُبادلة عظمى

«**لأَنَّـهُ جَعَلَ الَّـذِي لَـمْ يَعْرِفْ خَطِيَّـةً، خَطِيَّـةً لأَجْلِنَـا، لِنَصِيـرَ نَحْـنُ بِـرَّ اللهِ فِيـهِ**». (كورنثـوس الثانيـة ٥: ٢١)

تتطلَّـب العلاقـة الصحيحـة مـع اللهُ منَّـا ألَّا نكـون فقـط بـلا خطيـة، بـل وينبغـي أن نكـون أبـرارًا أيضًـا. ببسـاطة، لا يكفـي أن نكـون فقـط «غيـر سـيِّئين»؛ ينبغـي أيضًـا أن نكـون صالحيـن. نتيجـة لهـذا، لـدى الخطـاة مشـكلتين أساسـيتين: **مشـكلة الخطيـة ومشـكلة البـر.**

- مشـكلة خطيتنـا هـي أننـا مذنبـون فـي الفعل والفكـر وفـي حُـب كل مـا هـو شـرير.
- مشـكلة برِّنـا هـي أنـه ينقصنـا الصـلاح الأخلاقـي؛ حيـث إننـا لـم نعِـش حيـاة مُقدَّسـة وبـلا لـوم.

لـم تكـن لـدى يسـوع أي مـن هاتيـن المشـكلتين، وهـو مـا يعنـي أنـه يقـدر أن يخلِّصنـا. فـلأن ليسـت لديـه خطيـة فـي ذاتـه لـم يسـتحق يسـوع أن يمـوت. وإذ أسـلم حياتـه علـى الصليـب، لـم يختبـر غضـب الله

على خطاياه (لأنه لم تكن لديه أية خطية)، بل، استطاع أن يأخذ خطايانا على نفسه. كما يقول بولس في كورنثوس الثانية ٥: ٢١، جُعل يسوع «خَطِيَّةً» لأجلنا. ولأنه كان مطيعًا بالكامل لأبيه السماوي، يقدر أن يمنحنا برَّه عطيةً لنا.

دعوني أُعبِّر عن هذا ببساطة بقدر الإمكان: متى جئت إلى يسوع بإيمان، يحسب اللهُ الآب قداسة يسوع لك. يُحسب برُّه لك **كما لو كان ملكك**. بهذه الطريقة، نصبح «بِرَّ اللهِ»، ولكن فقط بسبب يسوع.

٥ توضيح

تخيَّل أنك ستخوض امتحانًا هامًّا في المدرسة، ولكنك لست تلميذًا جيِّدًا جدًّا. كما تعلم أن اجتياز الامتحان يعني أكثر من مجرد ألَّا تخطئ في الأسئلة – أنت بحاجة إلى أن تجيب بشكل صحيح على الأسئلة! لسوء الحظ، عندما جاءت النتائج، وجدت أنك أخطأت تقريبًا في كل سؤال.

ولكن مهلًا: تخيَّل الآن أن أذكى شخص في فصلك يعرض عليك أن يأخذ درجتك السيِّئة (والنتائج المترتبة عليها) والمُعلِّم وافق على إعطائك الدرجة الكاملة. هذه ليست مقارنة مثالية، ولكن هذا يمنحنا أن ندرك شيئًا مما فعله يسوع لأجلنا. برغم فشلنا، يُحسَب لنا كمال يسوع من خلال الإيمان به.

مختارون في المحبة

مع كل ما رأيناه حتى الآن، هناك بعض الأسئلة التي ينبغي أن نطرحها:

يتساوى كل الناس من حيث كونهم أموات روحيًا في خطاياهم، فلماذا يصبح بعض الناس أتباعًا ليسوع في حين لا يفعل معظم الناس؟

لماذا يجد شخص مثل صموئيل الخلاص والنجاة من حياته في الخطية، بينما لا يجده كثيرون من أصدقائه وعائلته؟

هل هناك شيء مميَّز في صموئيل نفسه؟

هل كان أقل موتًا روحيًّا من الآخرين؟

هل كان أذكى أو أكثر حساسية روحية؟

يجيب الكتاب المُقدَّس على هذه الأسئلة. حيث يفسر لماذا يصبح بعض الناس أتباعًا ليسوع، وأن هذا ليس له صلة بأي شيء صالح فينا.

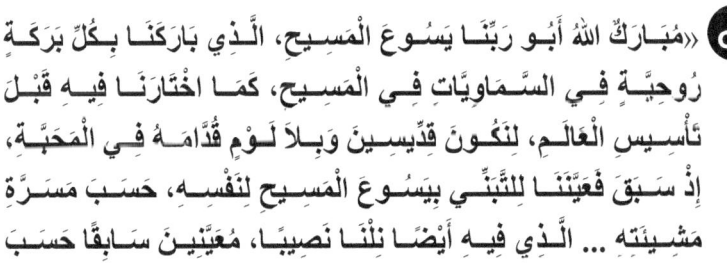

«مُبَارَكٌ اللهُ أَبُو رَبِّنَا يَسُوعَ الْمَسِيحِ، الَّذِي بَارَكَنَا بِكُلِّ بَرَكَةٍ رُوحِيَّةٍ فِي السَّمَاوِيَّاتِ فِي الْمَسِيحِ، كَمَا اخْتَارَنَا فِيهِ قَبْلَ تَأْسِيسِ الْعَالَمِ، لِنَكُونَ قِدِّيسِينَ وَبِلاَ لَوْمٍ قُدَّامَهُ فِي الْمَحَبَّةِ، إِذْ سَبَقَ فَعَيَّنَنَا لِلتَّبَنِّي بِيَسُوعَ الْمَسِيحِ لِنَفْسِهِ، حَسَبَ مَسَرَّةِ مَشِيئَتِهِ ... الَّذِي فِيهِ أَيْضًا نِلْنَا نَصِيبًا، مُعَيَّنِينَ سَابِقًا حَسَبَ

قَصْدِ الَّـذِي يَعْمَـلُ كُلَّ شَـيْءٍ حَسَـبَ رَأْيِ مَشِـيئَتِهِ.» (أفسـس ١: ٣-٥، ١١)

فـي هـذه الآيـات يخبرنـا بولـس أن اللهُ اختـار كل واحـد مـن شـعبه للخـلاص «قَبْلَ تَأْسِيسِ الْعَالَـمِ». يُشـار إلـى هـذا الانتخـاب الـذي قـام بـه اللهُ بخصـوص مـن سـيخلص باسـم «الاختيـار». فـي اختيـار شـعبه، يوجِّـه اللهُ محبتـه لهـم ويجذبهـم إلـى الإيمـان بيسـوع حتـى يخلصـوا (يوحنا ٦: ٤٤).

وهكـذا، عندمـا نسـأل لمـاذا يؤمـن بعـض النـاس بيسـوع بينمـا لا يفعـل آخـرون، فـإن أهـم إجابـة هـي أن الطريـق الوحيـد الـذي يقـدر بـه النـاس أن يؤمنـوا بيسـوع هـو مـا إذا كان اللهُ الآب قـد اختارهـم بالفعـل ليؤمنـوا.

- يُعلِّمنـا الكتـاب المُقـدَّس أن اختيـار اللهُ اختيـار **غيـر مشـروط**. بكلمـات أخـرى، اللهُ لا يختـار النـاس بنـاء علـى أي شـيء صالـح سـبق وراه فيهـم. هـذا أمـر مـن المهـم أن نفهمـه – وبولـس يوليـه اهتمامًـا كبيـرًا فـي روميـة ٩: ١٠-١٣، لأنـه يعنـي أن خلاصنـا يُسـلِّط الضـوء علـى رأفـة اللهُ وليـس علـى اسـتحقاقنا.

- كمـا أن اختيـار اللهُ **مجَّانـي**، لأن الاختيـار مـن حقِّـه وحـده. أخبـر اللهُ موسـى أنـه كان حـرًّا فـي أن يظهـر الرحمـة والرأفـة لأي شـخص يريـده (خـروج ٣٣: ١٩). بالمثـل، يخبرنـا بولـس أن اللهُ حـر فـي أن يُقسِّـي قلـب أي شـخص يَـوَد أن يقسِّـيه (روميـة ٩: ١٨). لا أحـد جعـل اللهُ يختـار أي شـخص للخـلاص، وفـي الواقـع يخبرنـا بولـس أنـه فعـل هـذا لأسـباب

خاصة لديه («حَسَبَ رَأْيِ مَشِيئَتِهِ») ولأجل مجده الخاص (رومية ٩: ٢٣).

- كما يعني الاختيار أننا **لا يمكن أن نخسر خلاصنا**. إن كان اللهُ قد اختارنا (وليس أننا نحن اخترناه)، فمن يمكن أن يبطل اختياره (انظر يوحنا ١٠: ٢٧-٢٩)؟ أي شخص تابع حقيقي ليسوع سيكون محفوظًا بفعل محبة اللهُ المذهلة حتى النهاية.

ربما قد نُفكِّر أن الاختيار ليس عدلًا. كيف يمكن أن يحاسب اللهُ الناس على حقيقة أنه لم يخترهم؟ لكن ينبغي أن نتذكَّر أننا كلنا قد تمرَّدنا بحرِّيتنا على اللهُ وقد حصلنا على دينونتنا. لا يوجد من يشتاق إلى أن يؤمن بيسوع ويريد أن يتصالح مع اللهُ ممن مُنعوا عن فعل هذا. سواء رفضنا اللهُ أو قبلنا خلاصه من خلال يسوع بسرور، فنحن جميعًا نفعل الأشياء التي نريد أن نفعلها بحق. عندما يرد بولس على هذا الاعتراض، يُذكِّرنا بأنه في النهاية ليس لدينا الحق في أن نعترض على طُرُق اللهُ أو نشكِّك فيها (رومية ٩: ١٩-٢٤).

الحقيقة الجوهرية الكبيرة هنا هي أن اللهُ قد اختار بحرِّيته مجموعة من الناس ليكونوا مستفيدين من محبته الخلاصية الخاصة. يقبل هؤلاء الناس رحمة اللهُ العظيمة من خلال المسيح. لا نقدر أن نفهم لماذا يختار اللهُ بعض الناس ولا يختار غيرهم؛ ولكن يمكننا فقط أن نتيقَّن من أن اللهُ صالح وعلى حق على الدوام في كل ما يفعله.

آيات للحفظ

«فَمَاذَا نَقُولُ لِهذَا؟ إِنْ كَانَ اللهُ مَعَنَا، فَمَنْ عَلَيْنَا؟ اَلَّذِي لَمْ يُشْفِقْ عَلَى ابْنِهِ، بَلْ بَذَلَهُ لأَجْلِنَا أَجْمَعِينَ، كَيْفَ لاَ يَهَبُنَا أَيْضًا مَعَهُ كُلَّ شَيْءٍ؟ مَنْ سَيَشْتَكِي عَلَى مُخْتَارِي اللهِ؟ اَللهُ هُوَ الَّذِي يُبَرِّرُ». (رومية ٨: ٣١-٣٣)

مُلخَّص

في محبته، اختار اللهُ بعض الخطاة الذين لا رجاء لهم حتى ينالوا محبته العجيبة. أخذ يسوع ذنب ودينونة كل هؤلاء الناس على نفسه عندما عُلِّق على الصليب؛ وأصبحت نصرة يسوع واضحة عندما أقام اللهُ يسوع من الأموات. الآن، كل من يتَّكل على يسوع ينال برَّه عطية مجانية ويعتبره اللهُ الآب بارًّا بالتمام.

ما المقصود؟

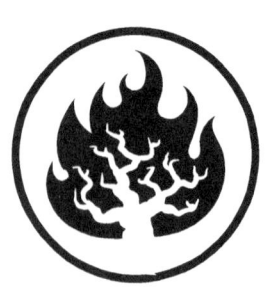

بمعونة اللّهُ،
ينبغي أن نتعامل
مع خطايانا

٧- التقديس والمثابرة

مُلخَّص لما تعلَّمناه

في الفصل السابق، اطَّلعنا على ما فعله اللهُ لأجلنا في المسيح. عندما كنا لا نزال واقعين في فخ خطايانا وذنوبنا، أرسل اللهُ ابنه ليخلِّصنا. عاش يسوع حياة الطاعة الكاملة لأبيه السماوي، وأخذ عقوبتنا على الصليب، وقام من الأموات منتصرًا على الخطية والموت. يمنح الروح القدس حياة روحية جديدة لكل مُختار من الآب، مانحًا لنا عطية التوبة والإيمان بيسوع.

ببساطة، لا يمكن أن يكون الأمر أوضح من هذا، أن الخلاص هو عمل اللهُ وليس عملنا نحن. ولكن هذا لا يعني أنه لا شيء علينا أن نفعله بينما نحيا كمسيحيين.

صموئيل

ما أن اتَّكل صموئيل على المسيح، حتى لاحظ بعض التغييرات الفورية في حياته. فقد وجد نفسه يُفكِّر في كيفية إرضاء يسوع بحياته. لم يَعُد يفقد أعصابه بكثرة، وأظهر المزيد من الصبر مع أسرته. وعندما كان يرى شخصًا محتاجًا، كان يشعر برغبة جديدة في داخله ليُقدِّم يد العون. ولكن كانت هناك أيضًا بعض الأمور التي كان يحاول أن يُغيِّرها والتي بدت أنها لن تتغيَّر بسرعة. كما شعر

بالذنب بشأن كثرة كذبه ليخفي الأمور الخاطئة التي كان يفعلها. ولكن كان التوقُّف عن الكذب صعبًا. كما كانت هناك أوقات كان يجد فيها أنه من الصعب حقًّا أن يرفض فرص الالتقاء بالفتيات. إن كان أمينًا، فهو محبط لأن الله لم يبعد عنه بعض من هذه الصراعات مع الخطية.

ينبغي أن تكون مُقدَّسًا

ينبغي أن يكون المسيحيون مُقدَّسين. ينبغي أن يجاهدوا حتى يسرُّوا اللهُ بأفكارهم، وتوجُّهاتهم، وعواطفهم، وتصرُّفاتهم. الآن، ربما تبدو كلمة «مُقدَّس» قديمة بعض الشيء، ولكن **القداسة مسألة حقيقية جدًا، وعملية جدًّا، وهامة جدًّا** بالنسبة لمن سيتبعون يسوع.

«**اِتْبَعُوا السَّلاَمَ مَعَ الْجَمِيعِ، وَالْقَدَاسَةَ الَّتِي بِدُونِهَا لَنْ يَرَى أَحَدٌ الرَّبَّ**». (العبرانيين ١٢: ١٤)

كاتب العبرانيين واضح فيما يقول: بدون قداسة، ليس لدينا رجاء في أن نرى اللهُ في السماء. توضِّح قداسة الشخص المسيحي الفرق بين من لا زالوا ينتمون للشيطان ومن تم تبنِّيهم في عائلة اللهُ من خلال المسيح (يوحنا الأولى ٣: ١٠).

لقد جُعلت صالحًا

الآن، قد يبدو هذا مخيفًا لك. على أي حال، لقد رأينا بوضوحٍ تام أنه لا أحد منًّا يمكن أن يكون صالحًا بشكل كاف حتى يسر اللهُ. ربما نكون قادرين على أن نحافظ على تصرُّفاتنا الخارجية تحت السيطرة،

ولكن لا أحد منَّا يقدر أن يدَّعي أن لديه توجُّهات وأفكار وعواطف مُقدَّسة.

إذن، إن كان ينبغي أن تكون لدينا القداسة لكي نرى الله، فهل نحن جميعًا بلا رجاء؟

على الإطلاق! كما رأينا، عندما نأتي إلى يسوع ننال برَّه عطية مجانية. إذن، أي شخص في المسيح يتمتَّع بكل القداسة التي يحتاجها أو تحتاجها لكي يتم السماح له بالدخول إلى السماء. هذا هو السبب في أن كُتَّاب العهد الجديد يكتبون إلى مسيحيين عاديين ويدعونهم «قدِّيسين» (كلمة تعني «المُقدَّسين»). على سبيل المثال، في بداية رسالته الأولى إلى أهل كورنثوس، يحيِّي بولس المسيحيين هناك بقوله:

«**إِلَى كَنِيسَةِ اللهِ الَّتِي فِي كُورِنْثُوسَ، الْمُقَدَّسِينَ فِي الْمَسِيحِ يَسُوعَ، الْمَدْعُوِّينَ قِدِّيسِينَ مَعَ جَمِيعِ الَّذِينَ يَدْعُونَ بِاسْمِ رَبِّنَا يَسُوعَ الْمَسِيحِ فِي كُلِّ مَكَانٍ، لَهُمْ وَلَنَا**». (كورنثوس الأولى ١: ٢)

الآن، كما توضِّح بقية الرسالة، كان لدى هؤلاء المسيحيين مشاكل خطيرة. فقد كانوا يتشاجرون مع بعضهم البعض، ويأخذون بعضهم البعض إلى ساحات المحاكم، ويسكرون في عشاء الرب، ويتسامحون مع بعض الأمور الجنسية الشريرة غير الأخلاقية. لم يكونوا كاملين، ولكن لأنهم كانوا مُتَّحدين بالمسيح بالإيمان تمتَّعوا – وأنت كذلك! – بقداسته الكاملة المحسوبة لهم. فقد «تقدَّسوا في المسيح يسوع». كل المسيحيين مُقدَّسين أمام الرب بسبب عمل يسوع.

الآن، كن صالحًا

وهكذا يُحسب كل المسيحيين المؤمنين أبرارًا في المسيح. ولكن ليست هذه نهاية القصة. لم يَمُت يسوع فقط ليغفر لنا خطايانا؛ بل مات كذلك لكي نتحرَّر من سلطة الخطية على حياتنا. الأمر كما لو أن اللهُ يقول لشعبه: «في يسوع، جُعلتم مُقدَّسين. الآن، اذهبوا إلى العالم وكونوا بحسب ما جعلتكم بالفعل!»

ينبغي أن تكون قداسة يسوع منظورة في تصرُّفاتنا، وتوجُّهاتنا، وكلماتنا، وقراراتنا، وأفكارنا بشكل متزايد. ينبغي ألَّا نظن البتَّة أن نموَّنا في الصلاح يجعل اللهُ يحبنا. بل، لأننا نعرف أن اللهُ يحبنا بالفعل، فينبغي أن نتوقَّع أن نرى نموًّا حقيقيًّا في التقوى بينما نتابع المسير مع المسيح.

«**لأَنَّ هٰذِهِ هِيَ إِرَادَةُ اللهِ: قَدَاسَتُكُمْ. أَنْ تَمْتَنِعُوا عَنِ الزِّنَا، أَنْ يَعْرِفَ كُلُّ وَاحِدٍ مِنْكُمْ أَنْ يَقْتَنِيَ إِنَاءَهُ بِقَدَاسَةٍ وَكَرَامَةٍ، لاَ فِي هَوَى شَهْوَةٍ كَالأُمَمِ الَّذِينَ لاَ يَعْرِفُونَ اللهَ... لأَنَّ اللهَ لَمْ يَدْعُنَا لِلنَّجَاسَةِ، بَلْ فِي الْقَدَاسَةِ**». (تسالونيكي الأولى ٤: ٣-٥، ٧)

قد تتساءل عن خطة اللهُ لحياتك. حسنًا، بحسب رسالة بولس الرسول إلى أهل تسالونيكي، فهذا لا يتعلق كثيرًا بمكان معيشتك ونوعية العمل الذي تقوم به ولكنه يتعلق أكثر «بتقديسك». من الواضح، أنه لا أحد منَّا سيكون كاملًا أبدًا حتى نكون مع يسوع في السماء. سوف نحتاج دائمًا أن نعتمد على غفران اللهُ عندما نخطئ

(يوحنا الأولى ١: ٨-١٠)، ولكن ينبغي أن تتَّسم حياتنا بالتشبُّه المتزايد بالمسيح والتحرُّر من الخطية.

٥ توضيح

قد تبدو القداسة كأنها «أخبار المسيحية السيئة». نعم، هو أمر عظيم أن تحصل على فرصة الذهاب إلى السماء، ولكن عليك أن تتخلَّى عن كل الأشياء التي تجعل الحياة ممتعة ومثيرة حقًّا. عندما يدعو اللهُ شعبه ليكونوا مُقدَّسين، قد يبدو هذا كما لو أنه يضع علبة من الكعك اللذيذ على أعلى رف، بعيدًا عن متناول أيديهم.

ولكننا في الحقيقة نسيء فهم مدى فظاعة الخطية. تمنعنا الخطية من أن نكون مع اللهُ في السماء، ولكنها كذلك تجعل الحياة في هذا العالم فظيعة. بالطبع هناك ملذَّات قصيرة المدى تأتي مع الخطية، ولكن على المدى الطويل نجد أن النَفَقة مروعة وضخمة – إدمان، فقدان المعنى، عائلات محطَّمة، فقدان الرجاء، عنف، ظلم، وحشد من الشرور الأخرى. **الخطية مثل حبوب سامة مُغطَّاة بالسُكَّر؛ مذاقها حلو في البداية، ولكنها سوف تقتلك.**

عندما يدعونا اللهُ أن نكون مُقدَّسين، هو لا يحرمنا من الكعك. بل هو يبعدنا عن السم.

تَوَقَّف

ماذا سيأتي في بالك لو قال لك شخصٌ ما إنه كان تابعًا ليسوع، ولكنه لم يحاول حتى أن يبتعد عن أمور خاطئة في حياته؟

عمل اللهُ وعملنا

إن كانت القداسة بمثل هذه الأهمية، فكيف نحصل عليها؟ حسنًا، يختلف نمونا في القداسة عن تبريرنا (كيف يصبح موقفنا سليمًا أمام اللهُ من خلال يسوع). نحن لا نساهم بأي شيء في تبريرنا؛ من البداية وحتى النهاية، التبرير هو عمل اللهُ بالكامل. فقد اختارنا، وأرسل ابنه، وأعطانا حياةً جديدة بروحه القدُّوس، ومنحنا الإيمان عطية مجانية. لم نأتِ بشيء إلى هذه العملية إلَّا الخطية التي تسبَّبت في إدانتنا.

ولكن نمونا في القداسة أمرٌ مختلف. تأمَّل هذه الآيات:

«**إِذًا يَا أَحِبَّائِي، كَمَا أَطَعْتُمْ كُلَّ حِينٍ، لَيْسَ كَمَا فِي حُضُورِي فَقَطْ، بَلِ الآنَ بِالأَوْلَى جِدًّا فِي غِيَابِي، تَمِّمُوا خَلاَصَكُمْ بِخَوْفٍ وَرِعْدَةٍ، لأَنَّ اللهَ هُوَ الْعَامِلُ فِيكُمْ أَنْ تُرِيدُوا وَأَنْ تَعْمَلُوا مِنْ أَجْلِ الْمَسَرَّةِ**». (فيلبّي ٢: ١٢-١٣)

تخبرنا هذه الفقرة أن اللهُ يعمل في حياتنا، إذ يساعدنا لنكون مُقدَّسين. بفضل اللهُ، نشاء أن نكون مُقدَّسين «نريد» كما نبذل مجهودًا فعليًّا محاولين أن نفعل ما يسره «نعمل من أجل مسرته». ولكن الطرق التي يعمل بها اللهُ في حياتنا لا تعني أن لا شيء علينا أن نفعله. علينا أن «نُتمِّم خلاصنا» باتِّضاع واحترام ووقار؛ يُفترض بنا أن نُجسِّد في حياتنا الخلاص الذي أعطاه لنا يسوع. لأن اللهُ يعمل في حياتنا ليُغيِّرنا، ونحن نعمل باجتهاد لكي ما نفعل الأمور التي دعانا اللهُ أن نفعلها ونتجنَّب الأمور التي ينهى عنها.

لا توجد صيغة سحرية لفعل هذا، بل بمعونة الروح القدس يمكننا أن نفعل بعض الأمور التالية:

- **نُصلِّي** – واحدة من أفضل الأمور التي يمكننا أن نفعلها هي أن نذهب إلى اللهُ ونطلب منه أن يُقدِّم لنا المساعدة التي نحتاجها لننمو في القداسة. هذه صلاة يسعد دائمًا بأن يستجيب لها!
- **نقرأ الكتاب المُقدَّس** – كلمة اللهُ طعام لأرواحنا. سوف تحتاج أن تأكل «وجبة» إن أردت أن تحارب هذه المعركة باحتمال وجَلَد.
- **نعترف بالخطية** – تزدهر الخطية في الظلام. عندما ننفتح على المسيحيين الآخرين بشأن صراعاتنا، نحن نسلِّط ضوءًا لامعًا على خطايانا ونحاربها وجهًا لوجه.
- **نكون في شركة** – ليس من المفترض أن نتبع يسوع بمفردنا. لقد أعطانا اللهُ مؤمنين آخرين في الكنيسة ليعلِّمونا، ويساعدوننا لنقول لا للخطية، وليعطونا فُرَصًا لنخدم ونحب.
- **نهرب من التجربة** – طالما نحن على قيد الحياة، سيتعيَّن علينا أن نحارب ضد الرغبات الخاطئة الموجودة بداخلنا. ستكون هذه المعركة أسهل إذا تعلَّمنا أن نتجنَّب الناس والمواقف التي تُشكِّل تجربة بالنسبة لنا.

- **نتّبع القداسة** – نحن لا نريد أن نقع في فخ مجرد محاولة تجنُّب الأنشطة الخاطئة. نريد كذلك أن ننمو في الأمور التي تسر الرب – أمورًا مثل المحبة والخدمة وضبط النفس والاتِّضاع.

استمر في المضي قدمًا!

سوف تتبع يسوع باقي أيام حياتك. يحذِّرنا كاتب العبرانيين حتى نستمر في الإيمان وألَّا «نسقط»:

«**أُنْظُرُوا أَيُّهَا الإِخْوَةُ أَنْ لاَ يَكُونَ فِي أَحَدِكُمْ قَلْبٌ شِرِّيرٌ بِعَدَمِ إِيمَانٍ فِي الارْتِدَادِ عَنِ اللهِ الْحَيِّ. بَلْ عِظُوا أَنْفُسَكُمْ كُلَّ يَوْمٍ، مَا دَامَ الْوَقْتُ يُدْعَى الْيَوْمَ، لِكَيْ لاَ يُقَسَّى أَحَدٌ مِنْكُمْ بِغُرُورِ الْخَطِيَّةِ. لأَنَّنَا قَدْ صِرْنَا شُرَكَاءَ الْمَسِيحِ، إِنْ تَمَسَّكْنَا بِبَدَاءَةِ الثِّقَةِ ثَابِتَةً إِلَى النِّهَايَةِ**». (العبرانيين ٣: ١٢-١٤)

من الواضح من هذه الفقرة أننا لا يُفترض بنا أن نتبع يسوع فقط في مرحلةٍ ما من حياتنا، بل ينبغي أن نستمر في الإيمان «إِلَى النِّهَايَةِ» وألَّا «نرتد». لا شك أنه ستكون هناك عقبات كثيرة في طريقنا (انظر لوقا ٨: ٥-١٥)، ولكن التابع الحقيقي للمسيح سيستمر في السير مع يسوع.

«**مِنَّا خَرَجُوا، لكِنَّهُمْ لَمْ يَكُونُوا مِنَّا، لأَنَّهُمْ لَوْ كَانُوا مِنَّا لَبَقُوا مَعَنَا. لكِنْ لِيُظْهَرُوا أَنَّهُمْ لَيْسُوا جَمِيعُهُمْ مِنَّا**». (يوحنا الأولى ٢: ١٩)

قد يبدو هذا مخيفًا، كما لو أنه يمكن أن نخسر خلاصنا. وصحيح أن هذه التحذيرات في الكتاب المُقدَّس قد قُصِد بها أن تجذب انتباهنا بحيث لا نرجع إلى حياتنا القديمة قبل المسيح. ولكن ما من تابع حقيقي ليسوع يقدر أبدًا أن يرتد عنه بصفة نهائية. مثل نمونا في القداسة، فإن مثابرتنا في الإيمان هي عملنا وعمل اللهُ كذلك. واللهُ يَعِد بأن يتأكَّد من عبورنا كل الطريق حتى النهاية.

اسمع كلمات الرب يسوع:

«خِرَافِي تَسْمَعُ صَوْتِي، وَأَنَا أَعْرِفُهَا فَتَتْبَعُنِي. وَأَنَا أُعْطِيهَا حَيَاةً أَبَدِيَّةً، وَلَنْ تَهْلِكَ إِلَى الأَبَدِ، وَلاَ يَخْطَفُهَا أَحَدٌ مِنْ يَدِي. أَبِي الَّذِي أَعْطَانِي إِيَّاهَا هُوَ أَعْظَمُ مِنَ الْكُلِّ، وَلاَ يَقْدِرُ أَحَدٌ أَنْ يَخْطَفَ مِنْ يَدِ أَبِي». (يوحنا ١٠: ٢٧-٢٩)

صموئيل

برغم كل شيء، هناك أوقات يشعر فيها صموئيل بأنه مُجرَّب للعودة إلى أسلوب حياته القديم. فقد كان يشعر بالراحة لهذا الأسلوب وبأنه مألوف لديه، وأن اتِّباع يسوع أحيانًا يجعله يشعر بالوحدة والغباء. ماذا تقول له إذا سألك ماذا ينبغي أن يفعل؟

آيات للحفظ

«لِذلِكَ نَحْنُ أَيْضًا إِذْ لَنَا سَحَابَةٌ مِنَ الشُّهُودِ مِقْدَارُ هذِهِ مُحِيطَةٌ بِنَا، لِنَطْرَحْ كُلَّ ثِقْل، وَالْخَطِيَّةَ الْمُحِيطَةَ بِنَا بِسُهُولَةٍ، وَلْنُحَاضِرْ بِالصَّبْرِ فِي الْجِهَادِ الْمَوْضُوعِ أَمَامَنَا، نَاظِرِينَ إِلَى رَئِيسِ الإِيمَانِ وَمُكَمِّلِهِ يَسُوعَ، الَّذِي مِنْ أَجْلِ السُّرُورِ الْمَوْضُوعِ أَمَامَهُ، احْتَمَلَ الصَّلِيبَ مُسْتَهِينًا بِالْخِزْيِ، فَجَلَسَ فِي يَمِينِ عَرْشِ اللهِ». (العبرانيين ١٢: ١-٢)

مُلخّص

المؤمنون الحقيقيون سوف ينمون في القداسة والمثابرة في إيمانهم. يتطلَّب هذا انضباطًا ومجهودًا منَّا. ولكن في النهاية، نحن نعتمد على اللهُ ليقوينا للعمل.

ما المقصود؟

ما سيحدث في النهاية يهمنا الآن

٨- السماء والجحيم

مُلخَّص لما تعلَّمناه

في الفصل السابق ناقشنا الحاجة للقداسة والصبر في مسيرنا مع يسوع. وكلٌ من هذين الأمرين يتطلَّب منَّا العمل، وحتى ونحن نعتمد على معونة اللهُ ليساعدنا لننمو ونثابر. الآن دعونا نحوِّل انتباهنا إلى ما ينتظر كل البشرية عند نهاية حياتهم: إما السماء أو الجحيم.

صموئيل

بعد أن تورَّط في حياة الجريمة، كثيرًا ما قلق صموئيل من فكرة أنه سينتهي به الأمر ذاهبًا إلى الجحيم. اعتاد واحد من أصدقائه في العصابة أن يقول: «نحن ذاهبون إلى جهنم، لكن ستكون لدينا أفضل القصص لنحكها». لم يضحك صموئيل أبدًا على هذا، لأنه بالنسبة له بدا الجحيم أمرًا مرعبًا. الآن بعدما أصبح مسيحيًّا، لم يَعُد قلقًا من أن يُدان. ولكن إن كان أمينًا، فهو لم يكن يتطلَّع نحو السماء. لم يفهم ما الذي يجعل السماء عظيمة بهذا المقدار أو ما يعنيه أن يكون المرء هناك.

الدينونة

في الفصل الأول، ناقشنا بإيجاز حقيقة أن اللهُ هو قاضينا القدُّوس. يعلِّم الكتاب المُقدَّس بأنه بعد أن نموت – أو بعد أن يعود يسوع، أيهما يأتي أولًا – سوف نواجه دينونة اللهُ. هنا بعض الشواهد القليلة حيث نرى هذا التعليم:

- تكلم الرسول بولس إلى أهل أثينا وأخبرهم قائلًا: «**فَاللهُ الآنَ يَأْمُرُ جَمِيعَ النَّاسِ فِي كُلِّ مَكَانٍ أَنْ يَتُوبُوا، مُتَغَاضِيًا عَنْ أَزْمِنَةِ الْجَهْلِ. لأَنَّهُ أَقَامَ يَوْمًا هُوَ فِيهِ مُزْمِعٌ أَنْ يَدِينَ الْمَسْكُونَةَ بِالْعَدْلِ، بِرَجُل قَدْ عَيَّنَهُ، مُقَدِّمًا لِلْجَمِيعِ إِيمَانًا إِذْ أَقَامَهُ مِنَ الأَمْوَاتِ**». (أعمال ١٧: ٣٠-٣١)
- ويكتب كاتب الرسالة إلى العبرانيين: «**وُضِعَ لِلنَّاسِ أَنْ يَمُوتُوا مَرَّةً ثُمَّ بَعْدَ ذلِكَ الدَّيْنُونَةُ**». (العبرانيين ٩: ٢٧)
- وفي كورنثوس الثانية، يقول بولس للكنيسة: «**لأَنَّهُ لاَبُدَّ أَنَّنَا جَمِيعًا نُظْهَرُ أَمَامَ كُرْسِيِّ الْمَسِيحِ، لِيَنَالَ كُلُّ وَاحِدٍ مَا كَانَ بِالْجَسَدِ بِحَسَبِ مَا صَنَعَ، خَيْرًا كَانَ أَمْ شَرًّا**». (كورنثوس الثانية ٥: ١٠)

دينونة اللهُ عادلة تمامًا لأن اللهُ وحده هو المُطَّلع على كل فكرة وفعل وتوجُّه. **على عكس القضاة البشر، اللهُ غير متحيِّز ولا يقع في خطأ أبدًا**. إذ يرى كل شيء بوضوح تام، وهكذا فإن دينونته دائمًا عادلة (رؤيا ١٩: ٢).

- «لأَنَّ اللهَ يُحْضِرُ كُلَّ عَمَلٍ إِلَى الدَّيْنُونَةِ، عَلَى كُلِّ خَفِيٍّ، إِنْ كَانَ خَيْرًا أَوْ شَرًّا». (جامعة ١٢: ١٤)
- «وَلَيْسَتْ خَلِيقَةٌ غَيْرَ ظَاهِرَةٍ قُدَّامَهُ، بَلْ كُلُّ شَيْءٍ عُرْيَانٌ وَمَكْشُوفٌ لِعَيْنَيْ ذلِكَ الَّذِي مَعَهُ أَمْرُنَا». (العبرانيين ٤: ١٣)
- «لأَنَّ عَيْنَيْهِ عَلَى طُرُقِ الإِنْسَانِ، وَهُوَ يَرَى كُلَّ خَطَوَاتِهِ». (أيوب ٣٤: ٢١)
- «فِي كُلِّ مَكَانٍ عَيْنَا الرَّبِّ مُرَاقِبَتَانِ الطَّالِحِينَ وَالصَّالِحِينَ». (أمثال ١٥: ٣)

«وَمَتَى جَاءَ ابْنُ الإِنْسَانِ فِي مَجْدِهِ وَجَمِيعُ الْمَلاَئِكَةِ الْقِدِّيسِينَ مَعَهُ، فَحِينَئِذٍ يَجْلِسُ عَلَى كُرْسِيِّ مَجْدِهِ. وَيَجْتَمِعُ أَمَامَهُ جَمِيعُ الشُّعُوبِ، فَيُمَيِّزُ بَعْضَهُمْ مِنْ بَعْضٍ كَمَا يُمَيِّزُ الرَّاعِي الْخِرَافَ مِنَ الْجِدَاءِ، فَيُقِيمُ الْخِرَافَ عَنْ يَمِينِهِ وَالْجِدَاءَ عَنِ الْيَسَارِ. ثُمَّ يَقُولُ الْمَلِكُ لِلَّذِينَ عَنْ يَمِينِهِ: تَعَالَوْا يَا مُبَارَكِي أَبِي، رِثُوا الْمَلَكُوتَ الْمُعَدَّ لَكُمْ مُنْذُ تَأْسِيسِ الْعَالَمِ... ثُمَّ يَقُولُ أَيْضًا لِلَّذِينَ عَنِ الْيَسَارِ: اذْهَبُوا عَنِّي يَا مَلاَعِينُ إِلَى النَّارِ الأَبَدِيَّةِ الْمُعَدَّةِ لإِبْلِيسَ وَمَلاَئِكَتِهِ... فَيَمْضِي هؤُلاَءِ إِلَى عَذَابٍ أَبَدِيٍّ وَالأَبْرَارُ إِلَى حَيَاةٍ أَبَدِيَّةٍ». (متى ٢٥: ٣١-٣٤، ٤١، ٤٦)

من الصعب أن تفوتنا النقطة التي يقصدها يسوع هنا: في يوم الدينونة، سيكون هناك الفصل النهائي لكل البشر. سيُدعى بعض الناس «مُبَارَكِي أَبِي»، وسيتم الترحيب بهم إلى الحياة الأبدية

في السماء. في حين سيكون آخرون «**مَلاَعِينُ**» وسيذهبون إلى العقاب الأبدي في جهنم. لا توجد خيارات أخرى. يُدان غير المؤمنين على تمرُّدهم على اللهُ، بينما يُكافأ شعب اللهُ على خدمتهم الأمينة لأنه تم دفع ثمن خطاياهم على صليب المسيح.

دعونا نسأل بعض الأسئلة لكي نفهم هذا الموضوع الهام:

ما هي السماء؟

السماء هي المكان الذي يتواجد فيه اللهُ بصورة خاصة بمحبته وقداسته. بالطبع اللهُ موجود في كل الأماكن، ولكن السماء هي مكان سُكناه الخاص (ملوك الأول ٨: ٤٣؛ إشعياء ٦٦: ١). هذا هو السبب في أن يسوع يعلِّمنا أن نصلي لأبينا «**ٱلَّذِي فِي ٱلسَّمَاوَاتِ**» (متى ٦: ٩). بعد قيامته، صعد يسوع إلى السماء (العبرانيين ٩: ٢٤) وهو هناك حتى الآن، منتظرًا اليوم الذي يعود فيه إلى الأرض.

السماء هي مكان يتم فيه عبادة اللهُ والسرور به (رؤيا ٤؛ العبرانيين ١٢: ٢٢-٢٤). عندما يموت شخص مسيحي مؤمن، تذهب روحه أو روحها لتكون مع يسوع في السماء (فيلبّي ١: ٢١-٢٣)، حيث أعدَّ اللهُ مكانًا لهم ليعيشوا فيه في سعادة أبدية (العبرانيين ١١: ١٣-١٦). السماء مكان فرح وبركة، حيث يمحو اللهُ نفسه كل تجربة ودمعة وبليَّة (رؤيا ٢١: ٤). لا عجب أن يسمِّيها يسوع «الفردوس» (لوقا ٢٣: ٤٣)! العيش مع اللهُ في السماء هو أعظم شيء علينا أن نتطلَّع إليه.

ما هو الجحيم؟

الجحيم هو مكان العقاب الأبدي لمن رفضوا وضع ثقتهم في يسوع وبالتالي ماتوا في خطاياهم (أفسس ٥: ٣-٦). في سفر الرؤيا، يقدِّم يوحنا رؤية مخيفة لما يحدث لمن قاوموا الرب:

«فَهُوَ أَيْضًا سَيَشْرَبُ مِنْ خَمْرِ غَضَبِ اللهِ، الْمَصْبُوبِ صِرْفًا فِي كَأْسِ غَضَبِهِ، وَيُعَذَّبُ بِنَارٍ وَكِبْرِيتٍ أَمَامَ الْمَلاَئِكَةِ الْقِدِّيسِينَ وَأَمَامَ الْخَرُوفِ. وَيَصْعَدُ دُخَانُ عَذَابِهِمْ إِلَى أَبَدِ الآبِدِينَ. وَلاَ تَكُونُ رَاحَةٌ نَهَارًا وَلَيْلاً لِلَّذِينَ يَسْجُدُونَ لِلْوَحْشِ وَلِصُورَتِهِ وَلِكُلِّ مَنْ يَقْبَلُ سِمَةَ اسْمِهِ». (رؤيا ١٤: ١٠-١١)

باختصار، الجحيم هو أسوأ مصير يمكننا تخيُّله.

ماذا يعلِّمنا الجحيم؟

الجحيم هو حقيقة رهيبة، وهذا هو السبب في أن بعض المسيحيين قد حاولوا أن يخفِّفوا من حدَّة تعليم الكتاب المُقدَّس حتى يبدو أقل ترويعًا.

- علَّم البعض بأن الجحيم ليس مكانًا حقيقيًّا، بل هو استعارة تتكلم عن الطُرُق التي نُخرِّب بها حياتنا بالخطية.
- علَّم آخرون بأن الجحيم ليس أبديًّا، بل مكانًا يخرج فيه اللهُ الخطاة من بؤسهم بتدميرهم وإفنائهم.

- اخترعت بعض التقاليد الكنسيَّة اختيارات أخرى للبشر بعد الموت – مثل «المَطْهَر»، حيث يتم تطهير خطايانا ويتم إعدادنا ببطء للسماء.
- كما يقول البعض إن الجحيم هو حيث يغيب اللهُ ويُترك الخطاة لطرقهم الخاصة. هم في الجحيم بسبب اختيارهم الحر.

المشكلة الرئيسية في هذه الآراء هو أنها لا تعكس ما يعلِّم به الكتاب المُقدَّس. ربما تكون هناك بعض من عناصر الحق (مثلًا، نتائج خطيتنا الآن هي لمحة مما ستكون عليه جهنم)، ولكن الكتاب المُقدَّس واضح من جهة أن من يعيشون في تمرُّد على اللهُ سيختبرون ألمًا لا ينتهي. في إنجيل مرقس، سمَّى يسوع جهنم «**نَارٌ لاَ تُطْفَأُ**» و**المكان الذي فيه** «**دُودُهُمْ لاَ يَمُوتُ وَالنَّارُ لاَ تُطْفَأُ**» (مرقس ٩: ٤٤، ٤٨). من الصعب أن نفهم ما يعنيه هذا إن لم يكن ألم الجحيم سيستمر إلى الأبد.

وهذا منطقي أيضًا، لأنه كيف يمكن ألَّا تُعاقب خطية في حق إله سرمدي بشكل أبدي؟ إن كانت الخطية عبارة عن خيانة يقترفها الناس الذين لديهم أرواح أبدية ضد إله قدوس بالتمام وموجود في كل مكان إلى الأبد، فعند أي نقطة في المستقبل يمكن أن نتخيل أن ينتهي غضب اللهُ المُقدَّس ضد الخطية؟

ينبغي ألَّا نتصرَّف كما لو أننا بحاجة إلى إنقاذ سُمعة وشخصية اللهُ من حقيقة الجحيم. في الواقع، تُعلِّمنا حقيقة الجحيم بعض الأمور الهامة – أي، أن اللهُ قدوس جدًّا والخطية في حقِّه أمرٌ فظيعٌ جدًّا.

إن كانت الأمور التي يعلِّم بها الكتاب المُقدَّس عن الجحيم تبدو غير عادلة، فربما يرجع هذا إلى أننا لا نأخذ مجد اللهُ وقداسته بجدية كافية. لأنه لو فعلنا، لما فكَّرنا حتى في أن نقترح أن اللهُ غير عادل بطريقةٍ ما في أن يعاقب الخطية بالطريقة التي يستخدمها. في الواقع، سيكون من الخطأ بالنسبة لله لو لم يعاقب الخطايا بالطريقة التي يستخدمها.

توقَّف

لا يؤمن أشخاص كثيرون بالدينونة النهائية أو بالجحيم. ما هي الأسباب التي تدفع الناس ألَّا يؤمنوا بهذه الأمور؟

ما الفرق الذي يُحدِثه وجود السماء والجحيم في حياتي الآن؟

تكلم يسوع عن الجحيم كثيرًا، ليس لأنه استمتع بإخافة الناس، بل لأنه عرف أنه ينبغي أن نعيش في ضوء هذه الحقيقة المرعبة. ينبغي أن نكون مهتمِّين أكثر بتجنُّب الجحيم من أن نتجنب الألم هنا على الأرض.

- **«فَإِنْ كَانَتْ عَيْنُكَ الْيُمْنَى تُعْثِرُكَ فَاقْلَعْهَا وَأَلْقِهَا عَنْكَ، لأَنَّهُ خَيْرٌ لَكَ أَنْ يَهْلِكَ أَحَدُ أَعْضَائِكَ وَلاَ يُلْقَى جَسَدُكَ كُلُّهُ فِي جَهَنَّمَ. وَإِنْ كَانَتْ يَدُكَ الْيُمْنَى تُعْثِرُكَ فَاقْطَعْهَا وَأَلْقِهَا عَنْكَ، لأَنَّهُ خَيْرٌ لَكَ أَنْ يَهْلِكَ أَحَدُ أَعْضَائِكَ وَلاَ يُلْقَى جَسَدُكَ كُلُّهُ فِي جَهَنَّمَ».** (متى ٥: ٢٩-٣٠)

- «**وَلاَ تَخَافُوا مِنَ الَّذِينَ يَقْتُلُونَ الْجَسَدَ وَلكِنَّ النَّفْسَ لاَ يَقْدِرُونَ أَنْ يَقْتُلُوهَا، بَلْ خَافُوا بِالْحَرِيِّ مِنَ الَّذِي يَقْدِرُ أَنْ يُهْلِكَ النَّفْسَ وَالْجَسَدَ كِلَيْهِمَا فِي جَهَنَّمَ**». (متى ١٠: ٢٨)

حمدًا للرب أن العكس أيضًا صحيح. إن كانت حقيقة الجحيم تبقينا بعيدًا عن الخطية، فإن الوعد بالسماء يشجِّعنا نحو حياة القداسة والطاعة.

- ربما يكون اتِّباع النقاوة أمر صعب ومتعب، ولكن هناك مكافأة رائعة تنتظرنا في السماء: «**طُوبَى لِلأَنْقِيَاءِ الْقَلْبِ، لأَنَّهُمْ يُعَايِنُونَ اللهَ**». (متى ٥: ٨)
- يخبرنا كاتب العبرانيين أن موسى قال «لا» لملذَّات مصر الخاطئة لكي يقتني مكافأة في السماء: «**بِالإِيمَانِ مُوسَى لَمَّا كَبِرَ أَبَى أَنْ يُدْعَى ابْنَ ابْنَةِ فِرْعَوْنَ، مُفَضِّلاً بِالأَحْرَى أَنْ يُذَلَّ مَعَ شَعْبِ اللهِ عَلَى أَنْ يَكُونَ لَهُ تَمَتُّعٌ وَقْتِيٌّ بِالْخَطِيَّةِ، حَاسِبًا عَارَ الْمَسِيحِ غِنًى أَعْظَمَ مِنْ خَزَائِنِ مِصْرَ، لأَنَّهُ كَانَ يَنْظُرُ إِلَى الْمُجَازَاةِ**». (العبرانيين ١١: ٢٤-٢٦)

٥ توضيح

تساعدنا معرفة نتائج سلوكيات معيَّنة في اتخاذ قرارات جيِّدة. اعتاد الناس على التدخين بجنون. ولكن الآن بما أننا نعرف أنها تسبب سرطان الرئة، أصبح الأشخاص المستعدِّين للتدخين أقل بكثير جدًّا. فببساطة التكلفة عالية جدًّا. يختار الناس ألَّا يكسروا القوانين ببساطة لأنهم لا يريدون أن يذهبوا إلى السجن. ينبغي أن تدفعنا معرفة

أن الجحيم ينتظر من يحيون في تمرُّد على اللهُ إلى أن نقول «لا» للخطية وأن نتصالح مع اللهُ من خلال الإيمان بيسوع.

بالمثل، معظم الناس مستعدُّون أن يختبروا نوعًا من المصاعب قصيرة المدى لكي يربحوا شيئًا أفضل في المستقبل. فالناس يذهبون إلى العمل، ويرفعون الأثقال، ويأكلون طعامًا صحِّيًا، ويمكثون في المدارس، ويدخِّرون المال ليس لأن هذه التصرُّفات هي أكثر ما يستمتعون به وقتها، بل لأنها تصرُّفات تجلب على المدى البعيد مكافآت تستحق التضحيات قصيرة المدى. السماء تشبه هذا؛ فهي مكافأتنا طويلة المدى. نحن نتجنَّب الملذَّات الخاطئة لأننا نعرف أنه من الأفضل كثيرًا أن نمتلك السماء عن أن نتلذَّذ بمتعة الخطية العابرة.

الكتاب المُقدَّس واقعي للغاية؛ فهو لم يَقُل أبدًا إن الخطية لا تجلب أيَّة ملذَّات. على أي حال، هناك أسباب تجعل الناس تفعل الأمور الخاطئة!

الشعور بالنشوة يجعل المرء يشعر بأنه في حال جيِّد لحظتها.

سرقة المال تجعلك قادرًا على شراء أشياء سوف تستمتع بها.

الخطية الجنسية تجلب المتعة الجسدية.

لسنا بحاجة إلى إنكار هذه الحقيقة لكي نتجنَّب الخطية.

ولكن هنا تكمن المشكلة مع الخطية: ملذَّاتها صغيرة جدًّا ومؤقتة جدًّا. أيًّا كانت لحظات السعادة التي نحصل عليها فهي لا يمكن أن تجعل جهنم تستحق فعل الخطية للحصول عليها؛ هذه لا تُقارن البتَّة بالأفراح الأبدية التي ستنشأ عن وجودنا في محضر اللهُ إلى الأبد.

صموئيل

في البداية، جعلت فكرة العقاب الأبدي صموئيل غير مرتاحًا. ولكن إذ فكَّر فيها، وجد أن العالم الذي يعرفه مليء بالظلم؛ فالقوي دائمًا ما يستغل الضعيف، الرجال يؤذون النساء، البالغون يستغلُّون الأطفال، والأشرار يستغلُّون الصالحين. في ضوء هذا، أصبح أسهل عليه أن يرى الصلاح في دينونة اللهُ العادلة.

آيات للحفظ

«فِي الإِيمَانِ مَاتَ هؤُلاَءِ أَجْمَعُونَ، وَهُمْ لَمْ يَنَالُوا الْمَوَاعِيدَ، بَلْ مِنْ بَعِيدٍ نَظَرُوهَا وَصَدَّقُوهَا وَحَيُّوهَا، وَأَقَرُّوا بِأَنَّهُمْ غُرَبَاءُ وَنُزَلاَءُ عَلَى الأَرْضِ. فَإِنَّ الَّذِينَ يَقُولُونَ مِثْلَ هذَا يُظْهِرُونَ أَنَّهُمْ يَطْلُبُونَ وَطَنًا. فَلَوْ ذَكَرُوا ذلِكَ الَّذِي خَرَجُوا مِنْهُ، لَكَانَ لَهُمْ فُرْصَةٌ لِلرُّجُوعِ. وَلكِنِ الآنَ يَبْتَغُونَ وَطَنًا أَفْضَلَ، أَيْ سَمَاوِيًّا. لِذلِكَ لاَ يَسْتَحِي بِهِمِ اللهُ أَنْ يُدْعَى إِلهَهُمْ، لأَنَّهُ أَعَدَّ لَهُمْ مَدِينَةً». (العبرانيين ١١: ١٣-١٦)

مُلخَّص

لأننا خُلقنا على صورة اللهُ، فكل إنسان مسؤول أمامه في النهاية. وقد وعد اللهُ بأن يعاقب الخطايا طوال الأبدية في جهنم، ولكنه كذلك وعد بأن يعطي الحياة الأبدية في الفردوس لكل من يلتفت إليه بالإيمان بالمسيح. ينبغي أن تدفعنا هذه الحقائق لنقول «لا» للخطية ولنتطلَّع إلى أن نكون مع اللهُ في السماء.

ما المقصود؟

عندما يعود يسوع، سيتغيَّر كل شيء إلى الأبد

٩- عودة يسوع

مُلخَّص لما تعلَّمناه

لقد غطَّينا الكثير من النقاط حتى الآن: شخصية الله، خلق العالم، سقوط الجنس البشري في الخطية، الفداء بيسوع المسيح، وحقيقة السماء والجحيم. يتبقَّى لدينا فقط موضوع واحد لنغطِّيه: عودة المسيح.

صموئيل

إن كان صموئيل أمينًا تمامًا، فسيجد أنه أحيانًا يكون من الصعب قليلًا أن يؤمن بكل الأمور التي يعلِّم بها الكتاب المُقدَّس. على أي حال، هو لا يتكلم مع يسوع أو يتمشَّى معه. يتطلَّب الأمر الكثير من الإيمان حتى تضع رجاءك في شخص لا تقدر أن تراه، ولمدة ٢٠٠٠ عاش المؤمنون «بالإيمان» لا «بالعيان».

ولكن يومًا ما سوف يتغيَّر كل هذا.

يسوع عائدٌ

بعدما قام يسوع من الأموات، قضى أربعين يومًا مع تلاميذه قبل أن يذهب إلى السماء ليأخذ مكانه في المجد والكرامة. وما أن صعد إلى السماء، حتى نال التلاميذ موعدًا بأنه سوف يعود يومًا ما:

«وَفِيمَا كَانُوا يَشْخَصُونَ إِلَى السَّمَاءِ وَهُوَ مُنْطَلِقٌ، إِذَا رَجُلاَنِ قَدْ وَقَفَا بِهِمْ بِلِبَاسٍ أَبْيَضَ، وَقَالاَ: «أَيُّهَا الرِّجَالُ الْجَلِيلِيُّونَ، مَا بَالُكُمْ وَاقِفِينَ تَنْظُرُونَ إِلَى السَّمَاءِ؟ إِنَّ يَسُوعَ هذَا الَّذِي ارْتَفَعَ عَنْكُمْ إِلَى السَّمَاءِ سَيَأْتِي هكَذَا كَمَا رَأَيْتُمُوهُ مُنْطَلِقًا إِلَى السَّمَاءِ»». (أعمال ١: ١٠-١١)

لا بد وأن هذا لم يفاجئهم، لأنه كثيرًا ما علَّمهم يسوع عن هذا. نجد إحدى المناسبات في متى ٢٤، حيث تكلم يسوع عن نفسه بصفته «ابن الإنسان» وقال:

«وَحِينَئِذٍ تَظْهَرُ عَلاَمَةُ ابْنِ الإِنْسَانِ فِي السَّمَاءِ. وَحِينَئِذٍ تَنُوحُ جَمِيعُ قَبَائِلِ الأَرْضِ، وَيُبْصِرُونَ ابْنَ الإِنْسَانِ آتِيًا عَلَى سَحَابِ السَّمَاءِ بِقُوَّةٍ وَمَجْدٍ كَثِيرٍ. فَيُرْسِلُ مَلاَئِكَتَهُ بِبُوقٍ عَظِيمِ الصَّوْتِ، فَيَجْمَعُونَ مُخْتَارِيهِ مِنَ الأَرْبَعِ الرِّيَاحِ، مِنْ أَقْصَاءِ السَّمَاوَاتِ إِلَى أَقْصَائِهَا». (متى ٢٤: ٣٠-٣١)

في الواقع، في كل رسائل العهد الجديد، يفترض كُتَّابها أنه من المهم بالنسبة لنا أن نعرف أن يسوع سوف يعود. مثلًا، كتب بولس إلى أهل تسالونيكي قائلًا: **«لأَنَّ الرَّبَّ نَفْسَهُ بِهُتَافٍ، بِصَوْتِ رَئِيسِ مَلاَئِكَةٍ وَبُوقِ اللهِ، سَوْفَ يَنْزِلُ مِنَ السَّمَاءِ وَالأَمْوَاتُ فِي الْمَسِيحِ سَيَقُومُونَ أَوَّلاً».** (تسالونيكي الأولى ٤: ١٦)

دعونا نلقي نظرة على نقاط قليلة هامة ينبغي أن نعرفها بخصوص عودة يسوع.

سوف يختلف مجيء يسوع الثاني عن مجيئه الأول

عندما جاء يسوع إلى الأرض أول مرة، كان صورةً للاتضاع والبساطة. فقد وُلد في ظروف وضيعة وعاش في فقر. لم يكن هناك شيء غير عاديٍّ في مظهره مما قد يجعلك تظن أنه كان إنسانًا مميَّزًا بشكلٍ ما. في مجيئه الأول، لم يكن لدى الناس أيَّة فكرة أن حدثًا هامًّا قد حدث.

ولكن مجيئه الثاني لن يكون هكذا أبدًا. كما رأينا بالفعل سكون مصحوبًا «**بِقُوَّةٍ وَمَجْدٍ كَثِيرٍ**» (متى ٢٤: ٣٠). عندما يعود يسوع، سيكون مشهدًا سيراه العالم كله. في إنجيل متى، أخبر يسوع تلاميذه ألَّا يصدِّقوا أي شخص يدَّعي أنه رأى عودة يسوع إلى الأرض لأن الجميع سيعرفون بلا شك عندما يرجع بالفعل. إنه أمر لا يمكن أن يفوت أحدًا:

«**فَإِنْ قَالُوا لَكُمْ: هَا هُوَ فِي الْبَرِّيَّةِ! فَلاَ تَخْرُجُوا. هَا هُوَ فِي الْمَخَادِعِ! فَلاَ تُصَدِّقُوا. لأَنَّهُ كَمَا أَنَّ الْبَرْقَ يَخْرُجُ مِنَ الْمَشَارِقِ وَيَظْهَرُ إِلَى الْمَغَارِبِ، هكَذَا يَكُونُ أَيْضًا مَجِيءُ ابْنِ الإِنْسَانِ**».
(متى ٢٤: ٢٦-٢٧)

جاء يسوع إلى الأرض أول مرة لكي يتألَّم ويُخلِّص الخطاة، ولكن في مجيئه الثاني سوف يجلب الدينونة إلى العالم. في متى ١٦: ٢٧، نقرأ: «**فَإِنَّ ابْنَ الإِنْسَانِ سَوْفَ يَأْتِي فِي مَجْدِ أَبِيهِ مَعَ مَلاَئِكَتِهِ، وَحِينَئِذٍ يُجَازِي كُلَّ وَاحِدٍ حَسَبَ عَمَلِهِ**». وفي رؤيا ٢٢: ١٢، يقول يسوع: «**وَهَا أَنَا آتِي سَرِيعًا وَأُجْرَتِي مَعِي لأُجَازِيَ كُلَّ وَاحِدٍ كَمَا يَكُونُ عَمَلُهُ**».

عندما نقف أمام يسوع في الدينونة، سوف يحدث فصل عظيم. سيُقام كل الناس من الأموات، ولكن سيكون هناك مصيران مختلفان تمامًا في انتظارهم. لن يُدان أتباع يسوع على خطاياهم (رومية ٨: ١)، لأن يسوع قد أخذ بالفعل قضاءهم ودينونتهم على الصليب، وإنما سينالون مكافآت سخيَّة من اللهُ على أعمال محبتهم وطاعتهم (كورنثوس الثانية ٥: ١٠). أما غير المؤمنين فسيكونون مسؤولين عن تمرُّدهم على اللهُ وسوف ينالون العقاب العادل على تصرُّفاتهم (انظر الفصل السابق، المناقشة الخاصة بالجحيم).

سوف تكون هناك علامات...

الأسئلة الرئيسية التي يطرحها الناس اليوم عندما يُفكِّرون في عودة يسوع هي «متى ستحدث؟» و»كيف يمكنني أن أعرف متى ستحدث؟» اللافت للانتباه هو أن الناس سألت نفس هذه الأسئلة بينما كان يسوع ما يزال على الأرض. في الواقع، أخبر يسوع تلاميذه عن بعض العلامات التي ستؤدي في النهاية إلى عودته. تمت بعض من هذه العلامات بينما كان التلاميذ لا يزالون على قيد الحياة (مثل خراب الهيكل ومدينة أورشليم على يد الرومان في عام ٧٠ ميلاديًّا؛ انظر مرقس ١٣: ١-١٨). ولكن هناك علامات أخرى لن تتحقق إلَّا قبل عودة يسوع مباشرة (مثل إظلام الشمس وتساقط النجوم من السماء؛ انظر مرقس ١٣: ٢٤-٢٦).

... ولكننا لا نعلم متى

يبدو أنه كثيرًا ما يقرِّر مُعلِّم مجنون للكتاب المُقدَّس أنه قد فكَّ شفرة الكتاب المُقدَّس واكتشف متى سيعود يسوع مرة أخرى. ولكن عادة ما يظهر أنهم مخطئون لأن يسوع نفسه قال إن اللهُ الآب وحده يعرف يوم وساعة عودته. حتى يسوع نفسه يقول إنه لا يعرف متى سيعود!

من المؤسف أن نرى مسيحيين كثيرين يضيِّعون وقتًا وطاقة كبيرين في محاولة اكتشاف ما إذا كانت أحداث جارية معيَّنة – حرب، زلزال، ظهور قائد سياسي يمثِّل تهديدًا – سوف تسبق عودة يسوع الوشيكة. لا يشجِّع العهد الجديد أبدًا على هذا النوع من التخمين، بل يقدم لنا حقيقة واقعية بشأن المستقبل ينبغي أن تؤثِّر على الطريقة التي نحيا بها في الحاضر.

في مرقس ١٣، حذر يسوع أتباعه بشأن الطريقة التي ينبغي أن يعيشوا بها في ضوء عودته. بالحديث عن التوقيت، قال يسوع:

«وَأَمَّا ذلِكَ الْيَوْمُ وَتِلْكَ السَّاعَةُ فَلاَ يَعْلَمُ بِهِمَا أَحَدٌ، وَلاَ الْمَلاَئِكَةُ الَّذِينَ فِي السَّمَاءِ، وَلاَ الابْنُ، إِلاَّ الآبُ. اُنْظُرُوا! اِسْهَرُوا وَصَلُّوا، لأَنَّكُمْ لاَ تَعْلَمُونَ مَتَى يَكُونُ الْوَقْتُ. كَأَنَّمَا إِنْسَانٌ مُسَافِرٌ تَرَكَ بَيْتَهُ، وَأَعْطَى عَبِيدَهُ السُّلْطَانَ، وَلِكُلِّ وَاحِدٍ عَمَلَهُ، وَأَوْصَى الْبَوَّابَ أَنْ يَسْهَرَ. اِسْهَرُوا إِذًا، لأَنَّكُمْ لاَ تَعْلَمُونَ مَتَى يَأْتِي رَبُّ الْبَيْتِ، أَمَسَاءً، أَمْ نِصْفَ اللَّيْلِ، أَمْ صِيَاحَ الدِّيكِ، أَمْ صَبَاحًا. لِئَلاَّ يَأْتِيَ بَغْتَةً فَيَجِدَكُمْ نِيَامًا! وَمَا أَقُولُهُ لَكُمْ أَقُولُهُ لِلْجَمِيعِ: اسْهَرُوا». (مرقس ١٣: ٣٢-٣٧)

ليس من الصعب جدًّا أن نفهم ما يقوله يسوع هنا. لا أحد يعرف متى سوف يعود؛ بالتالي، علينا أن نعيش كل يوم بتوقُّع (لأننا نعرف أنه **سوف** يعود) وبعدم يقين (لأننا لا نعرف **متى** سوف يعود).

٥ توضيح

تخيَّل أن صديقك ذهب بعيدًا لفترة وسمح لك بالبقاء في بيته. فأرحت نفسك وقضيت وقتًا لطيفًا. ولكن الآن، صديقك عائد والبيت غير جاهز. لديك عبوَّات الطعام في كل مكان، وملابسك القذرة في كل مكان، وكل البيت تفوح منه رائحة مثل رائحة العَرَق. سوف تجري كالمجنون محاولًا أن تنظِّفه، وإلَّا سيشعر صديقك بالإهانة بسبب عدم اعتنائك بمنزله.

حسنًا، لقد تركنا يسوع على الأرض مع توقُّعات بالنسبة لأسلوب معيشتنا في غيابه. وبما أنه يمكن أن يعود في أي لحظة، لن يكون هناك وقت للإعداد لوصوله. وهذا سبب معقول للتأكُّد من أننا نعيش كل يوم باستعداد لعودته.

تَوَقَّف

في رأيك، ما معنى أن تكون مستعدًّا لعودة يسوع؟ ما هي الأشياء التي تظن أنه يريدنا أن نفعلها بينما هو ما يزال «بعيدًا»؟ ما هي الأشياء التي ينبغي ألَّا نفعلها؟

«لأَنَّكُمْ أَنْتُمْ تَعْلَمُونَ بِالتَّحْقِيقِ أَنَّ يَوْمَ الرَّبِّ كَلِصٍّ فِي اللَّيْلِ هكَذَا يَجِيءُ. لأَنَّهُ حِينَمَا يَقُولُونَ: «سَلاَمٌ وَأَمَانٌ»، حِينَئِذٍ يُفَاجِئُهُمْ هَلاَكٌ بَغْتَةً، كَالْمَخَاضِ لِلْحُبْلَى، فَلاَ يَنْجُونَ. وَأَمَّا أَنْتُمْ

أَيُّهَا الإِخْوَةُ فَلَسْتُمْ فِي ظُلْمَةٍ حَتَّى يُدْرِكَكُمْ ذلِكَ الْيَوْمُ كَلِصٍّ. جَمِيعُكُمْ أَبْنَاءُ نُورٍ وَأَبْنَاءُ نَهَارٍ. لَسْنَا مِنْ لَيْل وَلاَ ظُلْمَةٍ. فَلاَ نَنَمْ إِذًا كَالْبَاقِينَ، بَلْ لِنَسْهَرْ وَنَصْحُ. لأَنَّ الَّذِينَ يَنَامُونَ فَبِاللَّيْلِ يَنَامُونَ، وَالَّذِينَ يَسْكَرُونَ فَبِاللَّيْلِ يَسْكَرُونَ. وَأَمَّا نَحْنُ الَّذِينَ مِنْ نَهَارٍ، فَلْنَصْحُ لاَبِسِينَ دِرْعَ الإِيمَانِ وَالْمَحَبَّةِ، وَخُوذَةً هِيَ رَجَاءُ الْخَلاَصِ». (تسالونيكي الأولى ٥: ٢-٨)

ماذا يحدث بعد الدينونة؟

سوف تأتي عودة يسوع بتاريخ العالم إلى نهاية فجائية ومأسوية. سوف يؤتى بكل فعل فعله كل إنسان في كل العصور إلى النور وتتم محاكمته.

ولكن هذه النهاية سوف تكون في الواقع مجرد بداية لعالم جديد ورائع. هنا نرى ما يقول الكتاب المُقدَّس أنه سيحدث بعد هذا:

١- **سوف ينتهي العالم القديم ويُنحّى جانبًا.** في بطرس الثانية ٣، نقرأ: «**وَلكِنْ سَيَأْتِي كَلِصٍّ فِي اللَّيْلِ، يَوْمُ الرَّبِّ، الَّذِي فِيهِ تَزُولُ السَّمَاوَاتُ بِضَجِيجٍ، وَتَنْحَلُّ الْعَنَاصِرُ مُحْتَرِقَةً، وَتَحْتَرِقُ الأَرْضُ وَالْمَصْنُوعَاتُ الَّتِي فِيهَا**». (بطرس الثانية ٣: ١٠)

٢- **سوف يأتي اللهُ بسماء جديدة وأرض جديدة.** إذا رجعنا إلى العهد القديم، سنجد في إشعياء ٦٥، أن اللهُ وعد بأنه سوف يصنع سماوات جديدة وأرض جديدة. وفي نهاية الكتاب المُقدَّس، في رؤيا ٢١، رأى الرسول يوحنا تتميم هذا الوعد:

«ثُمَّ رَأَيْتُ سَمَاءً جَدِيدَةً وَأَرْضًا جَدِيدَةً، لأَنَّ السَّمَاءَ الأُولَى وَالأَرْضَ الأُولَى مَضَتَا، وَالْبَحْرُ لاَ يُوجَدُ فِي مَا بَعْدُ. وَأَنَا يُوحَنَّا رَأَيْتُ الْمَدِينَةَ الْمُقَدَّسَةَ أُورُشَلِيمَ الْجَدِيدَةَ نَازِلَةً مِنَ السَّمَاءِ مِنْ عِنْدِ اللهِ مُهَيَّأَةً كَعَرُوسٍ مُزَيَّنَةٍ لِرَجُلِهَا. وَسَمِعْتُ صَوْتًا عَظِيمًا مِنَ السَّمَاءِ قَائِلاً: «هُوَذَا مَسْكَنُ اللهِ مَعَ النَّاسِ، وَهُوَ سَيَسْكُنُ مَعَهُمْ، وَهُمْ يَكُونُونَ لَهُ شَعْبًا، وَاللهُ نَفْسُهُ يَكُونُ مَعَهُمْ إِلهًا لَهُمْ. وَسَيَمْسَحُ اللهُ كُلَّ دَمْعَةٍ مِنْ عُيُونِهِمْ، وَالْمَوْتُ لاَ يَكُونُ فِي مَا بَعْدُ، وَلاَ يَكُونُ حُزْنٌ وَلاَ صُرَاخٌ وَلاَ وَجَعٌ فِي مَا بَعْدُ، لأَنَّ الأُمُورَ الأُولَى قَدْ مَضَتْ»». (رؤيا ٢١: ١-٤)

كأشخاص يعيشون في عالم مشوَّه بفعل الخطية والألم، من الصعب حتى أن نتخيَّل كيف سيبدو مثل هذا المكان. ولكنه يقدِّم لنا رجاءً عجيبًا أنه في يومٍ ما سوف لا نعود نختبر الألم أو الندم أو الخطية. يومًا ما، كل هذه الأمور المُحزِنة والخاطئة سوف تكون فقط «الأُمُورَ الأُولَى».

٣- **سوف نعيش مع اللهُ إلى الأبد.** عندما يموت المؤمنون، سوف تذهب أرواحهم مباشرة لتكون في محضر اللهُ في السماء (فيلبّي ١: ٢٣؛ لوقا ٢٣: ٤٣). عندما يعود يسوع، سوف ننال أجسادًا ممجَّدة غير خاضعة للخطية ولا الموت ولا المرض. سوف نعيش في هذه الأجساد المثالية التي بلا خطية مع اللهُ للأبد، تمامًا كما خُلقنا لنعيش. سوف يسكن اللهُ في وسطنا، وسوف نكون في محضره.

صموئيل

تتَّسم حياة صموئيل بالصعوبة. ولكن عندما يتأمل في حقيقة أن مشاكله لن تدوم إلى الأبد، سيتشجع لكي يثابر مع الرب. يومًا ما، سوف تنتهي كل متاعبه وصراعاته بلا رجعة، وسوف يكون مع اللهُ إلى الأبد. ولكن حتى هذا اليوم، يمكنه أن يستمر في السير مع يسوع والتطلُّع إلى عودته.

آيات للحفظ

«يَقُولُ الشَّاهِدُ بِهذَا: «نَعَمْ! أَنَا آتِي سَرِيعًا». آمِينَ. تَعَالَ أَيُّهَا الرَّبُّ يَسُوعُ!». (رؤيا ٢٢: ٢٠)

مُلخَّص

بدأ الكتاب المُقدَّس والجنس البشري في الجنة وسط محضر اللهُ. لم تكن هناك خطية ولا موت. عندما أخطأ آدم وحواء، فُقد هذا الكمال. ولكن في نهاية الكتاب المُقدَّس، نرى أن اللهُ قد خطَّط طول الطريق ليرُدَّنا إلى هذا النوع من الحياة في هذا النوع من العالم. وكما لو أن هذا لم يكن كافيًا، هناك المزيد من الأخبار العظيمة! لن نمضي الأبدية فقط مع اللهُ في الفردوس، بل (على عكس جنة عدن) لا يمكننا أبدًا أن نخسر هذا الفردوس، لأنه لن تكون هناك خطية ولا تجربة ولا دموع.

IX 9Marks

الخطوات العشر الأولى

هذه السلسلة من الكتب الدراسية للتلمذة والتعليم الكتابي، من سلسلة الخطوات العشر الأولى لـ 9Marks، مُصمَّمة لتساعدك على التفكير بعمق في بعض الأسئلة المهمة في الحياة.

١ – **اللهُ**: هل هو موجود؟

٢ – **الحرب**: لماذا أصبحت الحياة أكثر صعوبة؟

٣ – **الأصوات**: لمن أُنصت؟

٤ – **الكتاب المُقدَّس**: هل يمكننا أن نثق به؟

٥ – **آمِن**: ماذا ينبغي أن أعرف؟

٦ – **الشخصية**: كيف أتغيَّر؟

٧ – **التدريب**: كيف أعيش وأنمو؟

٨ – **الكنيسة**: هل ينبغي عليَّ أن اذهب إليها؟

٩ – **العلاقات**: كيف أُصحِّح الأمور؟

١٠ – **الخدمة**: كيف أعطي مقابل ما أخذت؟

سلسلة بناء الكنائس الصحيحة 9Marks IX

هل تنعمُ كنيستك بالصحَّة؟

تهدفُ هيئة "9Marks" لتزويد قادة الكنائس بمصادر كتابيَّة وعمليَّة، لإظهار مجد الله للأمم من خلال الكنائس الصحيحة.

من أجل هذا الهدف نريد أن نساعد الكنائس على النموِّ في العلامات التسع للصحَّة، والتي كثيرًا ما يتمُّ إغفالها:

١. الوعظ التفسيريّ
٢. اللاهوت الكتابيّ
٣. الفهم الكتابيّ لبشارة الإنجيل
٤. الفهم الكتابيّ للاهتداء
٥. الفهم الكتابيّ للكرازة
٦. العضويَّة الكنسيَّة
٧. التأديب الكنسيّ الكتابيّ
٨. التلمذة الكتابيَّة
٩. القيادة الكنسيَّة الكتابيَّة

نكتبُ في "9Marks" مقالاتٍ، وكتبًا، وتقييماتٍ لكتب، كما نُصدرُ مجلّةً إلكترونيَّة، وأيضًا نعقدُ مؤتمراتٍ، ونقومُ بتسجيل مقابلاتٍ وننتج مصادر أخرى لتمكين الكنائس من إظهار مجد الله.

قم بزيارة موقعنا الإلكترونيِّ لتجد محتوىً بأكثر من ٣٠ لغة، كما يمكنك تسجيل دخولك على موقعنا لتحصل على مجلَّتنا الإلكترونيَّة المجانيَّة. يمكنك أن تجد قائمة بمواقعنا الأخرى الخاصَّة بلغات مختلفة على هذا الرابط: 9marks.org/about/international-efforts/.

9Marks.org

20schemes
Gospel Churches for Scotland's Poorest

توجد خدمة 20schemes لتأتي برجاء الإنجيل إلى أفقر مجتمعات إسكتلندا من خلال تنشيط وزرع كنائس صحيحة تعظ بالإنجيل، ويقودها في النهاية جيل المستقبل من قادة الكنيسة المحلية.

«إن كنّا سنرى حقًّا اختلافًا في حياة السكَّان في أفقر مجتمعاتنا، فعلينا أن نقبل بسرور استراتيجية جذرية وطويلة المدى تأتي برجاء الإنجيل إلى آلاف لا يُعدُّون ولا يُحصون».

ميز مكونيل، مدير الخدمة

نؤمن أن بناء كنائس صحيحة في أفقر مجتمعات إسكتلندا سوف يجلب تجديدًا حقيقيًّا ودائمًا وطويل المدى إلى حياة أشخاص لا يُحصون.

الاحتياج مُلِح

تعلَّم المزيد عن عملنا وكيفية المشاركة معنا من:

20chemes.com
Twitter.com/20schemes
Facebook.com/20schemes
Instagram.com/20schemes

مطبوعات Christian Focus

رسالتنا

البقاء أمناء

بالاعتماد على اللهُ نسعى إلى إحداث تأثير في العالم من خلال منتجات أدبية أمينة لكلمته المعصومة، الكتاب المُقدَّس. هدفنا هو ضمان تقديم الرب يسوع المسيح بصفته الرجاء الوحيد للحصول على غفران الخطية، وعيش حياة نافعة والتطلع للسكن في السماء معه.

كتبنا مطبوعة من خلال أربعة ناشرين:

Christian Focus

أعمال منتشرة تضم السِيَر الذاتية، والتفاسير، والعقائد الأساسية، والحياة المسيحية.

Christian Heritage

كتب تُقدِّم بعضًا من أفضل المواد من إرث الكنيسة الغني.

Mentor

كتب مكتوبة على مستوى مناسب لطلبة كليات اللاهوت والكتاب المُقدَّس والرعاة والقُرَّاء الجادين. تشمل المطبوعات تفاسير، ودراسات في العقيدة، وفحص للمشاكل الحالية، وتاريخ الكنيسة.

C F 4.K

كتب للأطفال للتعليم المسيحي الجيِّد ولكل المجموعات العمرية:

مناهج لمدارس الأحد، كتب، بازل، وأنشطة؛ وعناوين خاصة بالدراسة التعبُّدية العائلية والشخصية، سِيَر وقصص ملهمة – لأنك لست أصغر من أن تعرف يسوع!

ذهن جديد

رسالتنا: نحن خدمة تعليمية هدفها تجديد الذهن وتثبيت وتأصيل المؤمنين في كلمة اللهُ المُقدَّسة وتقديم خدمة المشورة الفردية والأسرية بهدف الاسترداد الكتابي لمجد اللهُ والرب يسوع المسيح.

للتواصل معنا

WhatsApp +201211583580 - +201210150752

Social Media: https://www.facebook.com/mashoraketabyya

https://t.me/zehngadiid

https://twitter.com/zehngadid?s=09

Website: www.zehngadid.org

Email: info@zehngadid.org